La paz en Chiapas

ecología, luchas indígenas y modernidad alternativa

Victor M. Toledo

Ediciones Quinto Sol

Diseño: Sara M. Guadarrama

Ilustración de portada: Jorge Arturo Cabrera

Diseño de portada: Bricia Oseguera

Formación: Bricia Oseguera
          Sandra Aceves
          Sara M. Guadarrama

Negativos: Israel Monter

Impresión: Manuel Mandujano
           Ediciones Quinto Sol

1a. Edición, noviembre de 2000

ISBN: 970-673-007-9

**Parte de las regalias de este libro serán destinadas
a proyectos alternativos en comunidades indígenas**

Impreso en México   *Printed in Mexico*

"El conjunto de estas reflexiones constituye el trasfondo del drama que actualmente se desarrolla en México: se libra una batalla por el eje cósmico: ¿habrá dominación tecnológica, enajenante sobre México, o habrá un estilo independiente y mexicano de desarrollar la convivencia industrial dentro del marco cultural mexicano? Es de vital importancia, de prioridad absoluta en el México de hoy, trabajar para fundamentar las bases conceptuales, epistemológicas, de una industrialización alternativa y de estilo mexicano, dentro del contexto industrial global. Hay que reemplazar lo más rápidamente posible los conceptos de tiempo, espacio, naturaleza, trabajo, realidad, legitimidad, originales en sociedades no mexicanas, por conceptos arraigados firmemente en la 'historia invisible' de México"

Hanns-Albert Steger, 1991,
"Estructuras indígenas del tiempo y del espacio
en la cultura actual de México"

"El papel histórico del capitalismo es destruir la historia, cortar todo vínculo con el pasado y orientar todos los esfuerzos y toda la imaginación hacia lo que está a punto de ocurrir. Su realidad presente depende de su satisfacción futura. Esta es la metafísica del capital"

John Berger, 1992, *Pig Earth*

"Todo aquello que no respeta la tradición... termina incendiándose"

Rubén Sánchez, indígena purhépecha y hombre de camino,
(comunicación personal, diciembre 3, 1994,)

Contenido

Agradecimientos

Introducción   9

I. Crisis ecológica, civilización industrial   13
y modernidad alternativa

II. Globalización, pueblos indígenas   37
y comunidades rurales

III. El otro zapatismo: Luchas indígenas   57
de inspiracion ecológica en México

IV. Las cañadas: Radiografía ecológica   87
y social de una región en conflicto

V. El modelo mesoamericano: Construyendo con   123
la naturaleza y la cultura

VI. Todos para todos: Construyendo una   191
modernidad alternativa en la selva lacandona

VII. La paz como restauración ecológica y social   221

Anexos   235

Literatura Citada   249

Agradecimientos

Los siguientes colegas me proporcionaron materiales e información de enorme valor para la elaboración de este libro: D. Buckles, J. J. Jiménez-Osornio, J. S. Flores, M. Aguilar-Robledo, B. Ortiz, H. García, N. Barrera-Bassols, I. March, M. A. Vázquez, G. Quiroga-Brahms, R. Nigh, y J. Trujillo. El capítulo tercero pudo ser elaborado gracias a la información proporcionada por D. Bray, E. Boege, D. Vázques, G. Ramírez, J. Martínez, L. Concheiro, F. Eccardi, E. Velarde, E. Jardel, S. Graff, A. Argueta, J. Aguilar, J. Blauert, D. Sotres y S. Anta. Agradezco a J. Martínez-Alier y a D. Barkin la lectura crítica de una versión preliminar del capítulo tres.

La investigación realizada con un grupo de colegas y colaboradores en 1991 bajo el patrocinio del Centro de Investigación sobre Energía y Desarrollo, A.C. (CIEDAC) hizo posible todo el análisis de la Región de Las Cañadas (Selva Lacandona). Los resultados de esta investigación, que circularon de manera restringida en 1992, fueron la base informativa a partir de la cual pude elaborar la propuesta del capítulo quinto. Por lo anterior, agradezco a los miembros de aquel equipo multidisciplinario sus valiosas contribuciones sobre la realidad de Las Cañadas: E. Martínez y C.H. Ramos (flora y vegetación), R. Medellín (fauna), N. Barrera-Bassols (eco-geografía y cartografía), B. Ortiz-Espejel (uso del suelo), M. Bellón (actividades productivas) y C. Carrillo (historia).

La mayor parte de la información sociológica, demográfica y económica sobre aquella región, proviene también de los estudios realizados por investigadores del CIEDAC, elaborados a partir del detallado censo realizado por la ARIC-Unión de Uniones en 1990-91. Una síntesis de estos estudios fue realizada por R. Rodiles y generosamente facilitada a este autor. Agradezco asimismo a X. Leyva y a C. Márquez, acaso los dos principales "expertos" en Las Cañadas, el haberme proporcionado materiales publicados o inéditos de inapreciable valor, así como a Gerardo Avalos-Cacho de la Universidad Autónoma de Chapingo en San Cristobal de las Casas. La publicación del capítulo cuarto y la elaboración de los mapas de Las Cañadas contaron con el generoso apoyo de la organización *Conservation International*, a través de su oficina de México.

Una primera idea de este libro fue sugerida y estimulada por J. Moguel, y su última versión obtuvo inspiración de las intensas reflexiones realizadas con M. González de Molina de la Universidad de Granada, España en 1998. Estoy en deuda también con el apoyo institucional de la Universidad Nacional Autónoma de México a través de su Instituto de Ecología, y con mi eficiente equipo de asistentes: R.A. Pineda por la preparación de los textos, C. Sereno por la elaboración de las gráficas y M. Olivo por diferentes asistencias técnicas. De manera muy especial quiero agradecer la ayuda de P. Alarcón-Cháires en la edición final y revisión del texto y en la elaboración de las ilustraciones y los anexos.

Finalmente, deseo agradecer especialmente a mi círculo más cercano de interlocutores: B. Ortiz-Espejel, F. Eccardi, C. Carrillo, N. Barrera-Bassols, A. Severino, A. Bárcena, O. Rodríguez y P. Moguel, con quienes realicé diversos intercambios de ideas o quienes leyeron porciones de versiones preliminares.

Introducción

¿Es posible formular una propuesta de paz, viable, duradera y digna para Chiapas y las otras regiones indígenas y campesinas de México? Este libro arriesga una respuesta afirmativa basada en la idea de que hoy todo conflicto social por muy focalizado que sea, no es sino una batalla más dentro del colosal conflicto de carácter global que ha surgido entre la civilización industrial y la naturaleza. Por ello, para lograr la paz en Chiapas (de un conflicto que ha sido calificado por el gobierno mexicano como un simple problema microrregional o de frontera), es necesario construir, teórica y prácticamente, una "modernidad alternativa", es decir, se requiere elaborar un conjunto de soluciones dentro del contexto de aquella contradicción fundamental. Lo anterior no surge sino de la elaboración de una crítica minuciosa y despiadada, al modelo civilizatorio industrial, y de una revisión del papel que juegan las sociedades rurales y sus actores, especialmente los pueblos indígenas.

En efecto, aunque parezca descabellado, una verdadera solución a los conflictos en Chiapas y el resto de las regiones campesinas e indígenas del país, supone ensayar nuevas propuestas civilizatorias capaces de desactivar esa contradicción fundamental entre naturaleza y sociedad, erigir una alianza entre los actores locales y *su* naturaleza, y de enfrentar, domesticándolo, el proceso globalizador. Ello requiere de un nuevo repertorio de categorías teóricas, que se descubren a través del enfoque interdisciplinario, para analizar de manera completa la nueva dimensión de los conflictos.

Por "modernidad alternativa" entendemos la construcción del bienestar social mediante la afirmación del poder ciudadano, la adquisición de una conciencia planetaria, y la "toma de control" de los procesos que afectan la vida cotidiana de los individuos y sus comunidades locales. Para el caso que nos atañe, lo anterior supone la puesta en práctica de un proceso de "post-modernización" rural que implica una reformulación de las relaciones que familias, comunidades y regiones establecen tanto con la Naturaleza (relaciones ecológicas) como con los mercados, los consumidores urbanos e industriales, el Estado y otras instituciones (relaciones sociales), todo lo cual se encuentra cada vez más influenciado por el proceso globalizador.

Para el caso del México Rural, la construcción de esta "modernidad alternativa" se ve favorecida por la existencia de un vigoroso proceso de resistencia campesina e indígena basado en un uso adecuado de los recursos naturales locales, la autogestión social y política y una inserción exitosa a los nuevos mercados que se gestan bajo la globalidad. Este "otro zapatismo" de inspiración ecológica, pacífica, pragmática y sobretodo realista, que crece, se reproduce y madura, desde hace casi dos décadas y de manera silenciosa por todos los rincones del México Rural, no sólo conforma un conjunto de iniciativas exitosas en lo social, lo económico, lo productivo y lo cultural, también constituye un foco original de resistencia local frente al neoliberalismo y su globalización perversa, y es hoy por hoy la más importante fuente de experiencias autonómicas comunitarias y regionales en México de cuyas enseñanzas se puede nutrir una verdadera "modernidad alternativa", única manera de lograr la paz en Chiapas y en las otras regiones indígenas y campesinas del país.

Entre la materia (que es azar) y el artificio (humano) aparece silenciosa e incólume la *naturaleza*, eterna envoltura de lo humano, laboratorio de su actividad y recurso y fuente última de toda riqueza material. La naturaleza, reconocida como todo aquello que existe independiente de la actividad humana pero que al mismo tiempo representa un orden superior al de la materia[1]. La ecología, ha sido la corriente del pensamiento humano que desde una perspectiva cien-

---

[1] Rousset, 1974.

tífica ha venido a re-descubrirle a la civilización occidental la existencia de la naturaleza, justo cuando aquella comenzaba a festejar, embriagada por la derrota final de sus principales enemigos ideológicos, el triunfo absoluto del artificio y del mercado, e incluso, el "fin de la historia".

Derrotadas en apariencia todas las fuerzas de resistencia, todos los focos de oposición al sueño insaciable de expansión del mercado acumulador de capital, puntualmente representado hoy en día por 500 gigantescas corporaciones, una red de bancos internacionales y los gobiernos de numerosos países industriales, emerge de nuevo la naturaleza como la única fuerza capaz de detener este proceso deletereo. Y es que, para utilizar las palabras del filósofo Karel[2], "...El hombre no vive en dos esferas distintas: no habita con una parte de su ser en la historia y con la otra en la Naturaleza. Como ser humano está siempre y a la vez, en la Naturaleza y en la historia. Como ser histórico, y por tanto como ser social, humaniza a la Naturaleza, pero también la conoce y reconoce como totalidad absoluta, como *causa sui* que se basta a sí misma, como condición y supuesto de la humanización".

La batalla que desde el primero de enero de 1994 realizan los pueblos indígenas de Chiapas, no sólo amalgama reclamos antiquísimos y menos antiguos de los pueblos sojuzgados de México y del mundo, también es hoy en día expresión genuina de los millones de seres rurales y urbanos de todo el planeta, que han sido excluídos por la avasallante maquinaria del mercado y la tecnología convertidos ya, en escala global, en el principio casi único de la vida social. Y sin embargo, como habrá de mostrarse en esta obra, su búsqueda es también un reclamo telúrico y profundo que parte de las entrañas mismas de la Tierra y de la cultura acumulada milenariamente, pues hoy no es posible ya luchar por la humanidad, es decir por la especie, sin restaurar primero el equilibrio entre los fenómenos sociales y humanos y después entre estos y los procesos naturales. La presente obra parte de esta tesis, desarrollándola en extenso para volverla

---

[2] Kosik (1967).

una estrategia política, una perspectiva capaz de generar una nueva utopía que logre resolver el conflicto y de traer la paz a Chiapas y a las otras regiones indígenas de México.

Tras introducir al lector a la dimensión civilizatoria de la crisis ecológica del mundo industrial contemporáneo[3], y a la consecuente necesidad de construir una "modernidad alternativa" (capítulos primero y segundo), el libro ofrece un recuento del novedoso proceso ecológico-político de los indígenas de México que ha pasado inadvertido, pondera de manera rigurosa sus virtudes y limitaciones, y termina por contextualizarlo dentro de las nuevas corrientes de resistencia que en todo el mundo están surgiendo como una alianza entre la humanidad y la Naturaleza y en contra del neoliberalismo (capítulo tercero).

Con base en lo anterior, la segunda parte del libro ofrece una propuesta de "modernidad alternativa" ahí dónde justamente debe comenzar: el lugar mismo donde los rebeldes indígenas mantienen y habitan un "territorio liberado": la Región de Las Cañadas en la Selva Lacandona (capítulos cuarto, quinto y sexto). Con base en lo anterior, el libro termina sugiriendo la reanudación de las negociaciones, haciendo notar las ventajas de enmarcar las demandas dentro de una propuesta de modernidad incluyente, en la que la conflictiva local y regional se visualizan como parte del conflicto supremo entre la sociedad y la naturaleza.

---

[3] Braudel, 1991.

I

Crisis ecológica, civilización industrial y modernidad alternativa

Crisis ecológica, civilización industrial y modernidad alternativa

Vivimos una época sin precedente en la historia. Esta conciencia surge de una nueva percepción de la realidad contemporánea que día con día sigue ganando adeptos. El núcleo esencial de esta percepción está, sin duda, en la certeza de que por primera vez en la historia se vive un período crucial donde lo que está en juego es nada menos que la supervivencia de la especie humana y de *todo* el hábitat planetario. Este reconocimento, que surge del panorama revelado por la exploración científica del ecosistema global, envía de inmediato a un segundo plano todas aquellas cuestiones que bajo el «ojo normal» aparecían como sustanciales, y sitúa el dilema entre supervivencia o extinción en el centro de todas las cosas. Esta «...conciencia de la crisis ecológica es a la humanidad como especie, lo que la conciencia de la muerte es al "ser ahí" en cuanto "ser ahí"...» afirma Garrido-Peña[4], para continuar señalando que «...desde la crisis ecológica la humanidad es plenamente una especie mortal, porque ya sabe que puede morir».

Este vivir y convivir con un peligro latente y creciente, con una amenaza de magnitud global, tiene profundas consecuencias en todos los órdenes de la vida social, pero especialmente como veremos en la política. En tanto la amenaza va subiendo los peldaños en la escala del riesgo, todo conflicto intraespecífico, es decir (entre sectores humanos) no importa su amplitud geográfica o su relevancia social, se va encuadrando cada vez más dentro de este juego supremo entre la supervivencia y la extinción. En última instancia, los conflictos y sus soluciones terminan derivando en acciones que mueven la balanza hacia alguno de los dos lados: o desactivan realmen-

---

[4] Garrido-Peña (1996).

te los mecanismos que contribuyen a agudizar las amenazas sobre la supervivencia de la humanidad, o se convierten, no obstante su aparente carácter de «soluciones», en meros paliativos que resuelven temporalmente las situaciones de crisis, pero que en el fondo y en el mediano plazo coadyuvan a acelerarlo. Esta nueva situación, inédita por sus consecuencias e implicaciones, se encuentra por supuesto determinada por la integración de las acciones humanas (económicas, sociales, políticas, informativas, etc.), en el espacio planetario; es decir, es una de las tantas nuevas consecuencias del proceso globalizador.

Esta crisis ecológica -que es una expresión tangible y concreta del proceso de globalización- es, a su vez, la consecuencia más relevante del impresionante desarrollo y expansión de la civilización industrial y sus aparatos tecnológicos. Dicho de manera directa, la crisis de la supervivencia de la especie humana y su entorno planetario es la expresión más acabada del carácter perverso que ha tomado la globalización del fenómeno humano bajo las lógicas impuestas por la sociedad industrial dominada por el capital[5]. Y por muy marginales o periféricos que parezcan los conflictos sociales en relación a la matriz industrial, éstos responden ya de una u otra forma a la conflictividad suprema de un orden cualitativamente nuevo, que representa la contradicción ecológico-social.

Parecería que la afirmación anterior se confecciona a partir de proyecciones exageradas o alarmistas. Y sin embargo, no se trata de una percepción que surge de visiones irresponsables o desesperadas, sino de los escenarios que emergen de los datos proporcionados por la investigación científica del ecosistema planetario y de análisis lo más sensato posible (véase más adelante). Conforme pasa el tiempo y un número mayor y más preciso de informes y datos llegan a la mesa de los analistas, las amenazas, anomalías y accidentes de esta «sociedad del riesgo»[6], rebasan las fronteras regionales y nacionales, hasta llegar a adquirir una dimensión global. En las últimas

---

[5] Mander y Goldsmith, 1996.
[6] Ulrich Beck (1998).

dos décadas, se ha pasado de catástrofes puntuales de carácter local a eventos regionales sin consecuencias expansivas a accidentes y eventos localizados regionalmente pero con consecuencias más allá de su área de origen (por ejemplo el accidente nuclear de Chernobyl en la ex-Unión Soviética, el derrame de petróleo en Alaska o la diseminación de gases tóxicos en Bhopal, India) a eventos de dimensión claramente global.

En la última década, a los fenómenos globales ya reconocidos durante los ochentas, tales como el exceso de bióxido de carbono y otros gases en la atmósfera o la reducción de la capa de ozono atmosférico por efecto de los clorofluorocarbonos y otros contaminantes industriales, se han venido a agregar nuevos procesos de dimensión planetaria descubiertos por la investigación científica. Entre estos deben citarse, los enormes volúmenes de azufre que la sociedad humana deposita cada año en la atmósfera, el gran porcentaje de energía solar captada por las plantas que es desviado hacia fines humanos o los volúmenes de agua dulce que son extraídos del ciclo hidrológico para las actividades humanas. En los últimos años, se acumularon suficientes evidencias que demostraron la existencia de fenómenos no registrados anteriormente, tales como el incremento en el número e intensidad de los ciclones, la producción de gases contaminantes de la atmósfera derivados de las quemas agrícolas, pecuarias y forestales, y el registro de 1997 y 1998 como los años más calientes de la historia reciente (véase más adelante), situación que entre otras cosas dio lugar a la aparición de devastadores incendios forestales en varias partes del mundo. Por lo anterior, las proyecciones que se hacen para el futuro, de no revertirse las tendencias actuales, revelan situaciones preocupan, de alto riesgo en el mediano, no en el largo plazo.

La nueva relación entre sociedad y naturaleza

El producto más relevante de la sociedad industrial vuelta modernidad es el reposicionamiento de la naturaleza respecto de la sociedad y de la sociedad respecto de la naturaleza. Los tres siglos de industrialización que nos han precedido han sido suficientes para subsumir los procesos naturales en los procesos sociales y viceversa, y han desencadenado una contradicción de dimensiones globales entre la naturaleza y la sociedad, cuya resolución implica una reformulación de todo el modelo civilizatorio y no sólo de aspectos o dominios sectoriales (tecnológicos, energéticos, económicos, culturales, etc.). Hoy en día, afirma Beck[7] *"...la naturaleza ya no puede ser pensada sin la sociedad y la sociedad ya no puede ser pensada sin la naturaleza". "Las teorías sociales del siglo XIX (y también sus versiones modificadas en el siglo XX) pensaron la naturaleza esencialmente como algo dado, asignado, a someter; por tanto, como algo contrapuesto, extraño, como no sociedad. Estas suposiciones las ha suprimido el propio proceso de industrialización. A finales del siglo XX, la naturaleza no está ni dada ni asignada, sino que se ha convertido en un producto histórico, en el equipamiento* interior *del mundo civilizatorio destruido o amenazado en las condiciones naturales de su reproducción. El efecto secundario inadvertido de la socializa-ción de la naturaleza es la* socialización de las destrucciones y amenazas de la naturaleza, *su transformación en contradicciones y conflictos económicos, sociales y políticos: las lesiones de las condiciones naturales de la vida se transforman en amenazas médicas, sociales y económicas globales para los seres humanos, con desafíos completamente nuevos a las instituciones sociales y políticas de la sociedad mundial superindustrializada".*

Bajo esta perspectiva, los innumerables eventos atípicos que han asolado al mundo contemporáneo, han dejado de ser meros «fe-nómenos naturales» para volverse fenómenos *producidos* por la sociedad en combinación con los procesos físico-biológicos. más que de eventos de la naturaleza se trata de fenómenos *naturosociales* o *socionaturales.* No es ya la naturaleza la que como una fuerza ciega desencadena fenómenos destructivos e inesperados, sino son sus reacciones a los impactos que la sociedad humana imprime sobre

---

[7] Beck (1998:89).

ella lo que toma la forma de nuevos eventos sin precedentes en la historia humana. La naturaleza no es, por lo tanto, la culpable[8].

La naturaleza: una fuerza de resistencia frente a la civilización industrial

Según el filósofo francés Michel Foucault, el poder contemporáneo sólo dialoga con un restringido grupo de interlocutores privilegiados (políticos, empresarios, intelectuales, profesionsistas, militares, líderes religiosos, etc.). El resto de la sociedad es decir, la gran mayoría es un sector silenciado cuyas palabras o discursos no son tomados en cuenta. La última víctima de este régimen silenciador ha sido la naturaleza, considerada a lo sumo como una «variable» de los procesos económicos. «La naturaleza es silenciosa en nuestra cultura afirma Manes[9] y en general en las sociedades letradas, porque la categoría de sujeto hablante ha sido celosamente reservada como una prerogativa exclusivamente humana». Después de todo, era más fácil expoliar y explotar a una naturaleza muda que a una entidad hablante capaz de quejarse y protestar. Y en efecto, uno de los principales rasgos de la epistemología surgida con la nueva sociedad industrial fue la cancelación del diálogo entre los seres humanos y la naturaleza, consecuencia de una manera particular de ver el mundo.

Y sin embargo hoy en día, la naturaleza amordazada y aparentemente cautiva *es la única fuerza capaz de detener la expansión del modelo industrial,* el único obstáculo que puede impedir la consolidación de la globalidad perversa impulsada por la modernidad dominante y cuyas últimas consecuencias conducen a la destrucción del planeta y de la especie humana. En efecto, los instintos suicidas de la civilización industrial, representados hoy en día por los intereses en expansión de unas quinientas corporaciones transnacionales, el conjunto de los principales bancos internacionales y buena parte de los gobiernos de los países industrializados nos

---

[8] García, 1981.

[9] Manes, 1995.

conducen, en el mediano plazo, hacia un despeñadero colectivo. No se trata ya de la supervivencia de un individuo, de una clase o sector social, de una cultura o sociedad determinada, ni siquiera de una civilización. Lo que está en juego es la permanencia de toda la especie humana amenazada por una pequeña fracción de su propia población.

La naturaleza: nueva actriz de la política contemporánea

Toda acción política contemporánea, toda actitud o comportamiento sólo pueden situarse del lado de las fuerzas suicidas o de las que luchan por evitar una catástrofe, pues la defensa de la naturaleza es, en última instancia, una defensa de nuestra propia especie. Esta nueva conciencia, que es al mismo tiempo la adopción de una moral planetaria y el reencuentro de los seres humanos con su propia generalidad, este reconocimiento de la situación de emergencia que vive todo el espacio por el cual y dentro del cual las sociedades humanas existen, han existido y seguirán existiendo, está dando lugar a una nueva filosofía[10] y a una nueva ontología política[11]. Un nuevo alineamiento irá entonces desbrozando cada vez más el campo de la política y de los comportamientos individuales: o con las fuerzas de la destrucción y del suicidio colectivo o con las que se sitúan del lado de la vida digna y justa para los seres humanos y su entorno.

En la práctica nos encontramos frente a un retorno inesperado. En el pasado, en las sociedades preindustriales, la naturaleza operó como sujeto mítico o religioso; es decir encarnó en mitos y deidades diversas (religión de la naturaleza le llamó Marx), y a través de ellos los seres humanos mantuvieron un diálogo e intercambio fructífero. Hoy en día en cambio, la naturaleza, sepultada por la visión racionalista, antropocéntrica y tecnocrática que se gestó como ideología primera y primaria del mundo industrial, está logrando re-aparecer arropada de una nueva vestimenta y provista ya de un reconocido lugar en los ámbitos de la política.

---

[10] Engel & Engel 1993; Oelaschleger, 1995.

[11] Garrido-Peña, 1996.

Pero la naturaleza requiere forzosamente de interlocutores humanos es decir; de traductores, intérpretes y defensores. Por sí solas las reacciones de la naturaleza, iracundas y gigantescas, no son más que fuerzas ciegas, neutras, naturales. Dicho de otra forma, los impulsos que la naturaleza genera como reacción a los fenómenos que la afectan, deben ser socializados y convertidos en una fuerza con significado humano finalmente, en una potencia dentro del necesario juego de la política. De esta forma se cumple un doble cometido: la politización de lo natural y la naturalización de la política, consecuencia última de que la naturaleza y la sociedad formen ya parte de un todo indisoluble. Convertida en actriz, la naturaleza y sus defensores humanos irrumpen en los escenarios de la política, y de esta forma actualizan y revitalizan una práctica hoy agobiada por el desencanto, el discurso anacrónico y la ausencia de alternativas reales en un mundo que se vuelve cada vez más complejo, más injusto, más conflictivo y de mayor riesgo.

Las reacciones de la naturaleza frente a la expansión industrial

Por metafísicas que parezcan las afirmaciones anteriores, en el sentido de que la naturaleza es la única fuerza capaz de detener la expansión del mundo industrial (y por supuesto la voracidad del mercado), los argumentos para demostrar esta tesis central no proceden de la filosofía ni de la religión, sino de una cuidadosa revisión integradora de los procesos ecológicos y económicos que en esencia sustentan el *metabolismo* general entre las sociedades humanas y el ecosistema planetario.

Si toda sociedad produce y reproduce sus condiciones materiales a partir de su *metabolismo* con la naturaleza -una condición que aparece como pre-social, natural y eterna-[12], entonces los impactos que la civilización industrial produce sobre el mundo natural se ven revertidos de inmediato, y cada vez con más fuerza,

---

[12] Schmidt, 1976.

sobre *todo* el conjunto de los seres humanos. Este metabolismo es realizado por los seres humanos bajo dos *condiciones*: como especie biológica y como especie social. En el primer caso a través de los diferentes mecanismos biológicos por los que el individuo existe; en el segundo, mediante el proceso social del *trabajo*. En ambos casos, dicho metabolismo implica al conjunto de acciones a través de las cuales los seres humanos, se *apropian, producen, circulan, transforman, consumen* y *excretan* materiales y/o energías provenientes del espacio natural.

Los seres humanos, organizados en sociedad, *afectan* entonces a la naturaleza (su estructura, su dinámica, su evolución) por dos vías: al apropiarse los elementos naturales (aprovechamiento de recursos naturales) y al excretar elementos de la naturaleza ya socializados, pues al producir, circular, transformar y consumir, los seres humanos (como individuos y como conjunto social) excretan materiales (desechos) hacia la esfera de lo natural (figura 1.1).

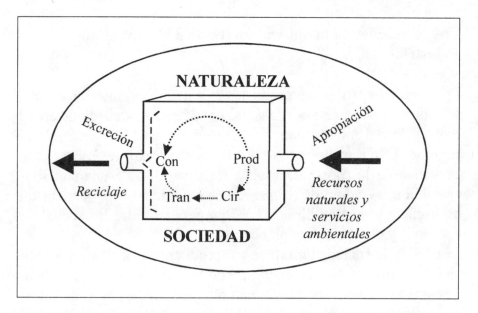

Figura 1.1 El modelo socioecológico visualiza a la sociedad en íntima relación con la naturaleza a través de los flujos materia y energía que aquélla establece durante la apropiación y la excreción, actos inicial y final del metabolismo general entre la sociedad y la naturaleza.

Durante la producción primaria o rural, las sociedades extraen materiales y energías de la naturaleza a través de la agricultura, la ganadería, la silvicultura, la pesca y las actividades de extracción (hidráulica, minera o energética). Estos productos «arrancados a la naturaleza» se convierten en materias primas que luego serán transformadas a través de la producción artesanal, manufacturera y/ o industrial para su posterior consumo, o bien se convertirán en productos (alimentos y otros bienes) para ser consumidos directamente por los seres humanos. Por lo visto arriba, la naturaleza posee un triple valor (material) para la sociedad: es la fuente primaria de toda producción (social), es el reservorio final (y re-ciclador) de todo desecho generado por la sociedad y es el espacio ambiental que permite la regulación de los ciclos del aire, agua y nutrientes y la moderación de las temperaturas requeridos por los individuos de la especie humana (servicios ambientales).

Hoy disponemos ya de suficientes evidencias para mostrar cómo bajo el modelo impuesto por la civilización industrial es imposible mantener funcionando en el largo plazo los principales ciclos del metabolismo entre la sociedad humana y la naturaleza. Como ha sido previamente señalado, los impactos negativos de las actividades humanas sobre la matriz físico-biológica del planeta ocurren en dos dimensiones (apropiación y excreción) y afectan seis principales ámbitos (figura 1.2).

En el primer caso, la sociedad humana desvía de los ciclos naturales gigantescos volúmenes de agua, organismos acuáticos, nutrientes de los suelos, biomasa terrestre y, en fin, energía solar, para ser consumidos por los propios seres humanos, sus aparatos de transformación industrial, sus medios de transporte *confort*, o bien para construir y mantener sus numerosas edificaciones. En conjunto se estima que estas actividades extractivas desvían, directa o indirectamente, el 54 por ciento del agua dulce que corre por los circuitos hidrológicos del planeta[13] y el 40 por ciento de la producción primaria neta (PPN) de la fotosíntesis terrestre o el 25 por cien-

---

[13] Postel et al., 1996.

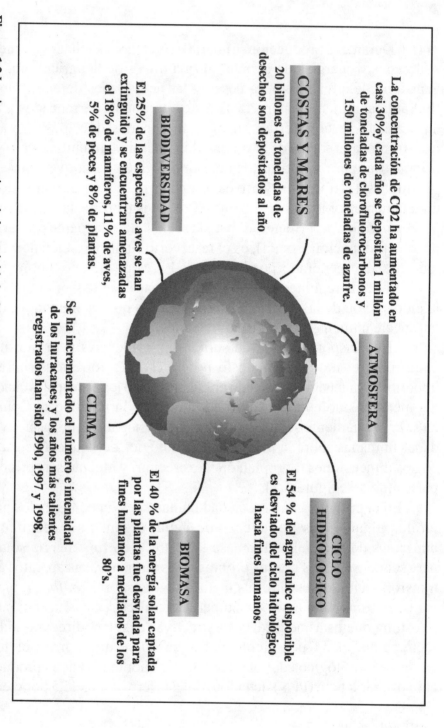

La concentración de CO2 ha aumentado en casi 30%y cada año se depositan 1 millón de toneladas de clorofluorocarbonos y 150 millones de toneladas de azufre.

ATMOSFERA

COSTAS Y MARES

20 billones de toneladas de desechos son depositados al año

CICLO HIDROLOGICO

El 54 % del agua dulce disponible es desviado del ciclo hidrológico hacia fines humanos.

BIODIVERSIDAD

El 25% de las especies de aves se han extinguido y se encuentran amenazadas el 18% de mamíferos, 11% de aves, 5% de peces y 8% de plantas.

BIOMASA

El 40 % de la energía solar captada por las plantas fue desviada para fines humanos a mediados de los 80's.

CLIMA

Se ha incrementado el número e intensidad de los huracanes; y los años más calientes registrados han sido 1990, 1997 y 1998.

Figura 1.2 Los impactos negativos de las actividades humanas sobre el ecosistema planetario ocurren en seis principales ámbitos: clima, biodiversidad, biomasa, atmósfera, costas y mares, y ciclo hidrológico.

to si se considera también la que proviene de los mares[14]. La PPN es la energía solar captada y transformada por las plantas en materia (o tejido) vegetal, que es la base de toda la pirámide energética del ecosistema planetario. Si esta evaluación es correcta, afirma R. Goodland, reconocido ecólogo, entonces para el año 2020 con el doble de la población de 1985 produciendo y consumiendo bajo los mismo patrones actuales, esta desviación del flujo natural de energía y materia alcanzará el 80 por ciento y, unos años después, el 100 por ciento[15].

En cuanto a los impactos por contaminación, las últimas décadas han presenciado un descomunal incremento de los desechos industriales y urbanos, ha puesto en evidencia que la capacidad de reciclamiento de los sistemas naturales ha sido desbordada con creces. Los billones de toneladas de desechos que anualmente se depositan en los océanos, los cuerpos de agua continentales, las áreas boscosas y la atmósfera, han afectado no sólo ecosistemas locales y regionales sino que han modificado notoriamente algunos procesos de carácter global.

Los dos fenómenos mejor conocidos, y publicitados, son la afectación de la capa de ozono de la atmósfera por efecto de los clorofluorocarbonos (CFC's, un contaminante industrial) y las modificaciones inducidas por la acumulación del bióxido de carbono, metano, óxido nitroso y otros gases en la atmósfera. En el primer caso, gracias a varios acuerdos internacionales se ha logrado disminuir la producción de CFC's, aunque esto no ha evitado la apertura de un gigantesco «hoyo» en la atmósfera del hemisferio sur (Antártida) de un tamaño estimado en 20 millones de kilómetros cuadrados, espacio por el cual se filtran rayos solares que suelen provocar cáncer de piel o ceguera en animales y humanos.

En el segundo caso, los volúmenes de bióxido de carbono y otros gases siguen incrementándose en la atmósfera como resultado de la expansión industrial y la deforestación (anexo 1), lo que ha traído

---

[14] Vitousek, et al 1986.
[15] Goodland, 1996:209.

como consecuencia el posible calentamiento del planeta (efecto invernadero) pues estos gases permiten el paso de los rayos solares, pero no su salida hacia el espacio una vez que son reflejados por la superficie terrestre.

Entre las principales consecuencias de este incremento generalizado de las temperaturas, se encuentran el aumento en número y en el potencial destructivo (hasta un 50 por ciento de los ciclones, y el paulatino derretimiento de las masas de hielo de las áreas polares, lo cual a su vez eleva los volúmenes del agua de los océanos y expande el mar sobre las costas, que son las áreas donde habita el 55 por ciento de la población mundial.

Una expresión reciente de éste fenómeno fue el reporte realizado por los miembros de una expedición internacional de la organización ambientalista Greenpeace, divulgado por la prensa el 4 de febrero de 1997. Según ese reporte, se está resquebrajando la barrera antártica de Larsen, una mole de hielo de 70,000 kilómetros cuadrados.

Las anomalías o disparidades climáticas

Tomadas en conjunto, las respuestas de la naturaleza a estos impactos de la sociedad industrial contemporánea parecen traducirse más en anomalías o disparidades climáticas, tales como aumentos o disminuciones desproporcionados y fuera de tiempo de las temperaturas de muchas regiones, inundaciones y sequías o incremento del número y la potencia de ciclones y tornados. Durante 1991 y 1992, por ejemplo, un conjunto de ciclones inusualmente destructiuvos afectó severamente vastas áreas y mató a más de 140,000 personas en Bangladesh, China, Pakistán y Hawai. Al inicio de 1997, los periódicos y los noticieros informaban de inundaciones atípicas en la porción centro-occidental de Brasil y en la zona agrícola de California, lluvias intempestivas en China y mínimas temperaturas nunca antes registradas en Europa.

Una evidencia indirecta, pero incuestionable, de estas desusadas reacciones socio-naturales se encuentran no en los registros meteorológicos u oceanográficos, sino en los balances económicos de las compañías de seguros. En efecto, las compañías de seguros incrementaron notablemente sus pagos por daños provocados por «desastres naturales» al pasar de 16 billones de dólares en toda la década de los ochentas a 48 billones de dólares solamente entre 1990 y 1995[16]. Algunos analistas estiman que la recurrencia de estos fenómenos podría llevar a la quiebra a numerosas aseguradoras. Temerosas de lo anterior, unas 60 compañías de seguros se pronunciaron ruidosamente en la conferencia mundial sobre el cambio climático celebrada en Ginebra en julio de 1996, para exigir el cumplimiento de los acuerdos de Río de Janeiro. Este súbito cambio de percepción de empresas, antes solamente interesadas en los negocios, es una muestra fehaciente de lo que irá sucediendo cada vez con más frecuencia conforme las formas irracionales del modelo industrial (acentuado en la actualidad por el neoliberalismo) desencadenen nuevas reacciones por parte de la naturaleza que afecten los intereses de *todos* los sectores sociales y humanos, incluyendo aquéllos que se consideran como privilegiados (países y sectores).

1998: un año significativo

En los últimos meses, el panorama anterior se vio corroborado por varios hechos notables. El más importante de todos fue la confirmación oficial de 1998 como el año con las temperaturas más altas desde que se iniciaron los registros climáticos en 1860, según el reporte de la *World Meteorological Organization* dado a conocer a la prensa mundial el 17 de diciembre de 1998.

Según ese reporte, basado en los análisis de cinco reconocidas instituciones científicas de Inglaterra y Estados Unidos y elaborado con el apoyo de una red de centros de investigación de catorce países, las temperaturas de 1998 superaron los registros de los diez años más calientes que habían sido reportados desde

---

[16] Flavin, 1996.

1983, siete de los cuales tuvieron lugar en los noventa. El análisis demostró que las temperaturas registradas en ese año estuvieron por encima de los promedios anteriores en todos los sitios observados, con excepción de la porción norte de Eurasia. Con los datos de 1998, continuó confirmándose la tendencia que certifica el gradual calentamiento del planeta.

Estos registros históricos en la temperatura fueron acompañados por los máximos valores registrados en la deficiencia del ozono atmosférico. Entre septiembre y noviembre de ese año, el adelgazamiento de la capa de ozono del polo sur del planeta fue el más pronunciado y el más prolongado de lo previamente registrado: el «agujero de ozono» presentó un área de 25 millones de kilómetros cuadrados durante veinte días continuos. A lo anterior se agregó la fuerte temporada de ciclones catorce que tuvo lugar en el Atlántico (y cuyo principal desenlce fue el huracán Mitch que afectó severamente a Centroamérica) y las inundaciones sin precedente que tuvieron lugar en China.

La anomalía climática más notable de 1998 fue, sin embargo la secuencia de incendios forestales que en concordancia con el incremento de las temperaturas afectó enormes superficies de varios países, un fenómeno que se inició en 1997.

Los incendios forestales: primera emergencia ambiental de dimensiones globales

Se estima que los incendios forestales de 1997-98 afectaron una superficie de cuando menos 8.7 millones de hectáreas de unos dieciocho países[17] entre los que destacan Indonesia, Brasil, Canadá, USA, México, Guatemala, Honduras y Nicaragua (figura 1.3). Debe señalarse el hecho extraordinario de que en esta ocasión los incendios devoraron masas forestales de regiones tropicales cálido-húmedas; es decir, lugares donde normalmente la gran cantidad de lluvia reduce el riesgo por incendios. Lo anterior pone en evidencia que las altas temperaturas de

---

[17] Linden, 1998.

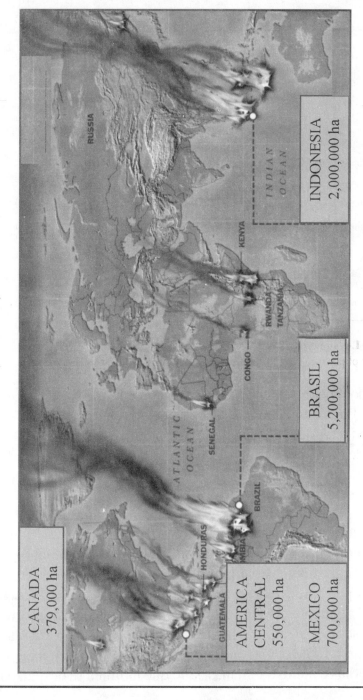

Figura 1.3 Principales regiones del mundo afectadas por incendios forestales durente 1997-1998. Adaptado de Linden (1998).

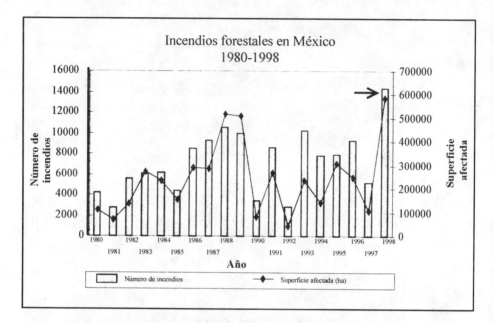

Figura 1.4 Número de incendios forestales y superficies afectadas (hectáreas) en México durante el período 1980-1988. Fuente: SEMARNAP, 1999.

estos dos años estuvieron acompañadas por sequías severas y/o prolongadas. Por ejemplo para el caso de México (figura 1.4) y se descubrió que un factor determinante fue el registro de los valores históricos más bajos de lluvia durante el período de febrero a mayo esto es, durante la época de secas[18].

Los países más afectados por los incendios fueron Brasil con más de 5 millones de hectáreas afectadas, Indonesia con 2 millones de hectáreas y México y Centroamérica con más de 1 millón de hectáreas. El fenómeno provocó emergencias ambientales en esos países, que indujeron la movilización de miles de personas, cierre de aeropuertos, accidentes aéreos (Indonesia), pérdidas económicas y especialmente contaminación atmosférica como consecuencia de una descomunal masa de humo con un alto nivel de partículas PM10. El humo no sólo ocupó una enorme extensión y permaneció durante varias días e incluso semanas, sino que también se desplazó movido

---

[18] SEMARNAP, 1999.

por los vientos. Por ejemplo, los humos de México y Centromérica se desplazaron hacia el norte hasta alcanzar algunos estados sureños de los Estados Unidos.

Aunque no se cuenta aún con un cálculo acerca de las pérdidas económicas provocadas por este fenómeno, las estimaciones realizadas solamente para Indonesia y otros países del sureste asiático, como Filipinas y Malasia realizados por el World Wide Fund for Nature, indican en unos 5 mil millones de dólares los daños provocados. Esto incluye pérdidas de volúmenes de madera y cultivos agrícolas, servicios ambientales (agua, control de erosión, alimentos y medicinas potenciales y otros) y la contribución al desequilibrio climático global, pues la quema de materia orgánica arroja a su vez más gases de invernadero hacia la atmósfera.

La producción cada vez menos sustentable de alimentos

Uno de los aspectos más preocupantes de la situación actual se encuentra en los patrones de producción de alimentos, los cuales se generan afectando cada vez más los sistemas naturales y utilizando cantidades cada vez mayores de insumos externos y distantes. Por ejemplo, se está llegando al límite de los rendimientos sostenibles de la pesca marina; es decir, de la producción de alimentos provenientes de los océanos. Una expresión de lo anterior es que, con excepción de las dos principales regiones del océano Indíco, la captura de peces marinos ha decrecido en todos los océanos del planeta[19], esto es, en trece de las quince principales regiones pesqueras del mundo.

Un segundo fenómeno se refiere al agotamiento de los mantos acuíferos; es decir, del agua utilizada para una agricultura de riego. En numerosos países, la extracción de agua del subsuelo ha superado ya, o está por hacerlo, la capacidad de recarga de los acuíferos. Este fenómeno no sólo provoca el agotamiento de las fuentes hi-

---

[19] Weber, 1995.

dráulicas sino que en muchos casos, obliga a utilizar agua con altos contenidos de sal o de contaminantes. Entre los países con problemas de sobreexplotación hidráulica se encuentran Egipto (y otros tantos del norte de Africa), China (en su porción norte), India, Tailandia, Estados Unidos (California) y México[20].

Finalmente, la capacidad fisiológica de las plantas para convertir los fertilizantes químicos en mayores rendimientos (de granos o de partes vegetativas) está llegando a sus límites. En todo el mundo, el uso de fertilizantes químicos se elevó diez veces entre 1950 y 1989. A partir de este último año, la cantidad de fertilizantes químicos *per capita* comenzó a declinar[21] y hay evidencias que muestran que, por ejemplo en la agricultura norteamericana, los rendimientos de los principales cultivos (trigo, maíz, arroz, soya) se han mantenido estables e incluso han descendido a pesar de que ha habido un incremento notable de los fertilizantes químicos[22]. Todo lo anterior indica que la alternativa agroquímica como vía para incrementar los volúmenes de alimentos ha llegado a su fin.

Neoliberalismo y crisis ecológica

En una realidad donde la población humana se incrementa cada año en 80 millones de nuevos seres y, sobre todo, donde la expansión de una economía del despilfarro y de la injusticia (el 20 por ciento más rico consume el 63 por ciento de lo que se produce, véase anexo 2) no parece atenuarse sino todo lo contrario (medida por el producto mundial bruto, la economía global alcanzó los 60 billones de dólares en el año de 1900. Hoy esa cifra histórica representa tan sólo lo que la economía del mundo aumenta cada dos o tres años): la posibilidad de que el camino al desastre se detenga parece alejarse. Este panorama se ha visto confirmado y aún acentuado desde la caída de los regímenes socialistas (la otra opción que ofrecía la civilización

---

[20] Gardner, 1995.

[21] Brown, 1995.

[22] Rosset, 1996.

occidental) y el triunfo en despoblado de la economía de mercado, no sólo porque ello permitió la afirmación ideológica de los valores mercantiles sino porque de golpe integró a millones de nuevos seres humanos a los patrones de producción y, sobretodo, de consumo pregonados por la civilización del «libre mercado». Así por ejemplo, la paulatina adopción del patrón occidental por los países de Europa del Este o de China es un fenómeno que agravará, no atenuará, la problemática ecológica planetaria.

Que los patrones industriales de producción, consumo y excreción sean la causa fundamental del deterioro ecológico es un argumento que puede demostrarse cuando se cuantifican y comparan los impactos que cada país produce en el entorno planetario. A esto se le ha denominado la *huella ecológica*[23]. Por ejemplo, no obstante su enorme población, países menos occidentalizados y más agrarios, como China, India o Indonesia presentan índices menores de impacto ambiental que aquellos más industrializados y con una población mucho menor.

Hoy en día, y a pesar de que existe una mayor conciencia entre los ciudadanos del mundo, además del incremento de la población y la expansión de la economía, las estadísticas anuncian tasas mayores de deforestación, erosión de suelos, contaminación de mares y ciudades, acumulación de gases en la atmósfera y sobrexplotación de recursos marinos o de mantos acuíferos[24]. Ello es la consecuencia no sólo del incremento demográfico o monetario, sino de la forma que estos dos fenómenos adquieren en el escenario global: más autos, más producción de acero, más ciudades inseguras, más tierras para el cultivo, menos bosques, más agroquímicos(anexo 1); es decir, más energía solar para satisfacer más necesidades de manera cada vez menos eficiente y cada vez más injusta.

La explicación de lo anterior se encuentra en la proliferación y puesta en práctica de los principios enunciados por el neoliberalismo:

[23] Wackemagel, et al, 1997.
[24] Brown, 1995.

apertura comercial indiscriminada, mercantilización de todos los recursos naturales, disminución de la inversión pública y de los subsidios estatales, privatización o desmantelamiento de los servicios sociales, destrucción del campesinado y de las culturas indígenas del mundo, fin a las políticas de seguridad y autosuficiencia alimentaria de los países, que estas tendencias aparentemente ninguna fuerza social puede detener, sólo encuentra reacciones de su calibre en los fenómenos que desencadenan al afectar el equlibrio ecológico del planeta; es decir, en las maneras como la naturaleza expresa su furia. En suma, la acentuación del sueño neoliberal estará haciendo cada vez más grande y profunda la pesadilla global que amenaza a la humanidad y a su entorno planetario.

La necesidad de una modernidad alternativa

La remodelación civilizatoria necesaria para remontar esta situación de crisis, esta contradicción socio-ecológica de carácter global, ya ha comenzado y se manifiesta de manera incipiente aquí y allá a través de enclaves todavía minoritarios, particulares y aislados de la sociedad humana.

Como una opción radicalmente diferente, pero a la altura de las circunstancias actuales, se erige la tesis de que el imponente desarrollo del modelo industrial constituye una modernización incompleta (y en muchos caso perversa), a partir de la cual es necesario construir una «segunda modernización», también llamada *modernidad reflexiva*[25], *proyecto civilizatorio alternativo*[26] y el autor de estas líneas *modernidad alternativa*[27].Esta «postmodernización», para utilizar un término quizás más apropiado, nace esencialmente como una reacción de emergencia frente a aquello que amenaza la supervivencia de la especie y su planeta; es decir, busca antes que todo la desactivación de la crisis ecológi-

---

[25] Beck, 1998.
[26] Bonfil, 1987.
[27] Toledo, 1992a.

ca que, por lo anteriormente señalado, es al mismo tiempo y antes que todo, una crisis social.

La modernidad alternativa comienza a construirse ahí donde existen conjuntos de seres humanos que han adquirido una nueva conciencia de carácter planetario. Desde esta nueva perspectiva, se afirma y se confirma la idea de pertenencia a una categoría superior, en cierta forma, suprema en tanto que metasocial y suprahistórica: la de especie. La cabal adquisición de este estado de conciencia conforma un hecho contradictorio. Por un lado, involucra un retorno a la situación primigenia en la que los seres humanos, todavía social y culturalmente indiferenciados, desprovistos aún de lenguaje, sólo lograban distinguirse del resto de los organismos vivos por sus rasgos biológicos. Por el otro, conforma un verdadero alumbramiento, en tanto que, por vez primera, los seres humanos se encuentran e identifican con su generalidad, más allá de sus particularidades de nacionalidad, clase, raza, religión, cultura e ideología. Este fenómeno está surgiendo debido tanto a los procesos de globalización de lo humano, como de la amenaza, consecuencia contradicatoria de lo anterior, que se cierne a través de la crisis ecológica del planeta. En ambos casos, una nueva concepción no religiosa ni mitológica de la naturaleza y en general del universo, opera como el espejo frente al cual logra erigirse la nueva identidad de especie.

Este ir hacia la naturaleza, que parece un retorno, es en realidad un regreso aparente: se ha vuelto a la antigua percepción de especie y de reconocimiento de la naturaleza, pero esta vez provistos de una nueva condición, en un nuevo estadio de desarrollo y con una nueva perspectiva. No es ya aquella miríada de pequeñas unidades sociales (la banda), aisladas las unas de las otras o débilmente emparentadas a través de la circulación de las dotes, los obsequios o las mujeres, separadas por la necesidad de mantener su propia cohesión como organismo social, esparcidas aquí y allá en el ancho infinito de los ecosistemas de la Tierra, sino que son ya todos los seres humanos, agrupados en un sólo ensamblaje, mayor, supremo y total y en permanente comunicación unos con otros, los que toman conciencia de su suprema identidad y de ésta con la naturaleza. En el fondo, nunca hemos dejado de pertenecer al conjunto biológico que nos distingue del resto de los organismos. Pero sólo hasta ahora, tras un período prolongado de fragmentación y diferenciación sociocultural se, da el reencuentro.

Esta nueva conciencia planetaria es, quizás, uno de los más inusitados fenómenos de la postmodernidad. El individuo, aparentemente diluido en el mar de la masificación social, recupera de nuevo una idea de identidad o pertenencia a una entidad mayor. Esta conciencia postmoderna restituye, en una nueva dimensión espacial, los viejos atributos de la antigua conciencia comunitaria premoderna. La nueva conciencia de especie no sólo implica una cierta solidaridad con la naturaleza, sino que es también conespecífica (es decir se integra con el resto de los miembros del propio conglomerado biológico) y transgeneracional (los futuros miembros de ese conglomerado).

La idea de que el planeta (el resto de los organismos vivos y el ambiente) en que vivimos nos ha sido legado en sus condiciones actuales por las generaciones del pasado, situación que habremos de heredar a las generaciones venideras, constituye una nueva concepción que viene a corroborar tangiblemente la existencia de un torrente histórico. La nueva percepción que surge del carácter global de lo humano, así como de los límites bio-físicos -hoy transgredidos- del planeta conducen a repensarlo todo, no sólo en términos de lo que concretamente se hace, sino de lo que se hizo y de lo que se hará, rescatando de paso el invisible nudo del espacio y del tiempo.

II

Globalización, pueblos indígenas y comunidades rurales

Globalización, pueblos indígenas y comunidades rurales

El impetuoso desarrollo y la inusitada expansión de la civilización industrial cambió los ritmos y escalas de la economía, transformó la política, modificó la vida social, alteró las pautas de conducta de los seres humanos y, sobretodo, gestó una nueva configuración en el espacio planetario al dejar los procesos sociales y naturales como partes de una misma totalidad, como elementos de un mismo fenómeno.

Hoy en día, la naturaleza y la sociedad se hallan como nunca antes indisolublemente interconectadas; es decir, nunca habían dependido tanto la una de la otra. Con la aparición de fenómenos sociales de escala global que impactan los flujos, ciclos y ritmos de la naturaleza, aparece un panorama cualitativamente diferente, con profundas implicaciones políticas. No sólo la sociedad humana se ha mantenido dependiente de los elementos y procesos de la naturaleza, también por primera vez en la historia la permanencia de los fenómenos naturales se encuentra en función de los procesos sociales. Este panorama entra en conflicto con la percepción que emerge del interior del mundo urbano-industrial, en el que la naturaleza ha desaparecido y en el que el mundo del artificio se ha convertido en la totalidad de lo real (espejismo industrial).

Irónicamente, en el interior del entramado societario, también las naciones, los sectores y los individuos se han vuelto mutuamente dependientes. La revolución tecnológica en el transporte, la información y las comunicaciones, ha vuelto al mundo un "planeta a escala humana". Hoy en día, dada la integración que en el espacio planetario se ha dado entre lo social y lo natural, los impactos que las localidades, regiones y zonas geopolíticas (estados) producen en el entorno global repercuten sobre ellas mismas y sobre el resto del planeta, dando lugar a una sinergia donde lo local y lo global, lo periférico y lo central, lo urbano y lo rural, se encuentran también recíprocamente determinados.

"*...Lo que la globalidad está logrando, es reconocer que ya no hay exterioridad, que no hay zonas de refugio, que la periferia es el centro y viceversa. El tercer mundo está en París y en Los Ángeles, los chiapanecos están en el mercado de los gourmet europeos de café y miel, y las zonas geográficas y biológicamente estratégicas están habitadas por indios. Un aspecto positivo de la globalidad consiste en que rompe con este esquema de la exterioridad y, por lo tanto, todos somos contemporáneos de todos*"[28].

En suma, hoy la supervivencia de cada individuo de la especie humana depende de lo que haga el resto, y cada ser humano afecta e impacta de una cierta forma e intensidad el estado de supervivencia del conglomerado. Bajo esta nueva circunstancia, los roles que cada uno de los sectores sociales está jugando deben ser repensados y reformulado. Tal es la conclusión más importante derivada del fenómeno de globalización que ha gestado la civilización industrial, tras varios siglos de expandirse y consolidarse.

Lo natural, lo rural y lo urbano-industrial

En la sociedad contemporánea, el universo urbano e industrial casi siempre se ha erigido sobre las ruinas del mundo rural y sobre las cenizas de una naturaleza avasallada. Los desequilibrios entre la ciudad y el campo y entres éstos y la naturaleza han sido el denominador común, no la excepción, durante el establecimiento y expansión de la llamada civilización moderna. Hoy esta situación está llegando a sus límites. En efecto, el enorme desequilibrio global provocado tras varias décadas de industrialismo en el ecosistema planetario es una amenaza que se cierne ya sobre *todos* los habitantes del planeta.

Junto a este proceso colosal, se ha infiltrado la falsa idea de la supremacía del ciudadano urbano y, en general, del modo de vida urbano por sobre el de los habitantes y las comunidades rurales.

---

[28] Bartra, 1997.

Desde la ciudad suele mirarse con desdén a las culturas rurales, casi siempre consideradas como relictos sociales, de la misma manera que se mira con desprecio a la naturaleza, sólo concebida como fuente de riquezas explotables. Rota la conexión tangible y visual entre la producción y el consumo, industrializado y mecanizado todo el proceso por el cual los seres humanos satisfacen sus necesidades, la naturaleza se volvió una entidad no sólo lejana, sino prácticamente inexistente. En la actualidad, los habitantes de las grandes urbes tienden a olvidar el origen de lo que consumen, y confunden con facilidad un ser viviente con un artificio industrial, de la misma manera que olvidan que buena parte de los satisfactores que aparecen diariamente en su vida cotidiana proviene de procesos donde seres humanos se apropian objetos del mundo natural.

En suma, la integración cada vez más estrecha de un mundo globalizado, revela que dentro del metabolismo planetario (y por lo mismo dentro de cada región) las ciudades (y sus industrias), el campo y la naturaleza forman un nodo indisoluble donde múltiples fenómenos se encuentran estrechamente vinculados entre sí, de tal forma que lo que sucede en cada uno de estos tres ámbitos afecta irremediablemente a los otros dos. Para sólo señalar lo más obvio, de la naturaleza y de las áreas rurales, las ciudades y la industria obtienen materias primas, agua, alimentos, oxígeno, energía y diversos servicios ambientales. Esta visión integral del mundo, permite adquirir una conciencia planetaria y, finalmente, adoptar una ética ecológica en estrecha relación con la conciencia social.

La nueva percepción de la realidad contemporánea y su correspondiente reconocimiento de una situación sin precedente histórico, obliga a realizar nuevas conceptualizaciones de la realidad y, por consiguiente, a revisar los principios teóricos, los marcos conceptuales y los enfoques predominantes en el análisis de los fenómenos del mundo contemporáneo.

Si, como consecuencia del desarrollo global de la civilización industrial, los proceso naturales y los procesos sociales se presentan ya como eventos anudados, como partes de un todo, como elementos de una realidad interconectada (y no otra cosa es lo que significa la integración espacial de los fenómenos a consecuencia de la globalización), entonces se hace necesario la construcción de nuevos paradigmas científicos. *"A finales del siglo XX hay que decir que la naturaleza es sociedad, que la sociedad es (también) naturaleza. Quien hoy sigue hablando de la naturaleza como no sociedad habla con las categorías de otro siglo, las cuales ya no captan nuestra realidad"*[29].

El metabolismo planetario y la importancia ecológica de lo rural

Desde una perspectiva funcional, lo rural opera (en tanto territorio geográfico y/o espacio social), como una dimensión estratégica entre el mundo de la naturaleza y el de los artefactos (las ciudades y posteriormente la industria). Por ello, lo rural no puede estudiarse desconectado del universo urbano e industrial, ni mucho menos puede abordarse sin sus innumerables conexiones con el mundo de la naturaleza. Este carácter funcional que articula estos tres universos (lo natural, lo rural y lo urbano-industrial) logra revelarse cuando se toma como eje de análisis el proceso general de metabolismo entre la sociedad y la naturaleza[30].

Las sociedades humanas producen y reproducen sus condiciones materiales de existencia a partir de su *metabolismo* con la naturaleza, una condición que aparece como pre-social, natural y eterna[31]. Este metabolismo lo realizan los seres humanos a través del proceso social del *trabajo*. Dicho proceso implica el conjunto de acciones a través de las cuales los seres humanos, independientemente de su situación en el espacio (formación social) y en el tiempo (momento histórico), se *apropian, producen, circulan, transforman, consumen y excretan*, productos, materiales, energía, agua, provenientes del mundo natural. Al realizar estas actividades, los

---

[29] Beck, 1998: 90.

[30] Toledo, 1994; Fischer-Kowalsky, 1998.

[31] Schmidt, 1976.

seres humanos consuman los actos que garantizan su supervivencia material y *afectan* a la naturaleza (su estructura, su dinámica y su evolución) por dos vías: al apropiarse los elementos naturales (aprovechamiento de recursos naturales y de servicios ambientales) y al excretar elementos de la naturaleza ya socializados, pues al producir, circular, transformar y consumir, los seres humanos arrojan materiales (desechos) hacia la esfera de lo natural (figura 1.1). En su relación con las sociedades, la naturaleza cobra entonces sentido social al realizar dos funciones fundamentales: por un lado al proveer a los seres humanos (energía endosomática) y a sus estructuras externas (vestimentas, utensilios, máquinas, medios de transporte y de comunicación, establecimientos: energía exosomática) de materiales, energías y servicios; y, por el otro, al reciclar y finalmente absorber los materiales desechados por las sociedades.

Si en las sociedades sociopolíticamente menos complejas, dicho metabolismo es (y era) realizado por *todos* los miembros de los conglomerados sociales, en las sociedades industriales contemporáneas, altamente jereraquizadas y diferenciadas socialmente, los intercambios con la naturaleza son realizados exclusivamente por una sola fracción social. De esta forma es posible distinguir, desde el punto de vista ecológico, dos sectores bien demarcados que se definen por el rol que juegan durante el metabolismo general que tiene lugar entre la sociedad humana y la naturaleza: el rural o primario y el urbano y/o industrial.

A través de la producción primaria o rural, las sociedades extraen materiales y energías de la naturaleza que sirven como materias primas las cuales serán transformadas a través de la producción manufacturera y/o industrial para su posterior consumo o bien convertidos en (alimentos y otros bienes) para ser consumidos directamente por los seres humanos. Esto nos lleva a visualizara la sociedad en su relación material con la naturaleza, como un organismo cuya periferia estaría constituida por una «membrana rural», cuyas «células» estarían encargadas de extraer directamente elementos de la porción externa de dicho organismo, y de una porción interna cuyo rol fundamental consiste en transformar los bienes que la porción rural proporciona (figura 2.1). Ambos sectores son, por supuesto, los consumidores finales de todo fragmento arrancado a la naturaleza. Y la distancia que el bien o producto consumido recorre durante su circulación, desde su apropiación hasta su consumo, permite reconocer la ubicación de los diferentes sectores sociales.

Por último, los seis procesos arriba mencionados, que en conjunto conforman el metabolismo general de la sociedad con la naturaleza encuentran en estos tres sectores una cierta representación espacial, cuyos límites se van haciendo menos nítidos conforme nos aproximamos a las sociedades contemporáneas, donde diversos fenómenos de nuevo cuño transgreden e incluso disuelven la antigua relación, altamente correlativa, entre unidad espacial y función ecosocial.

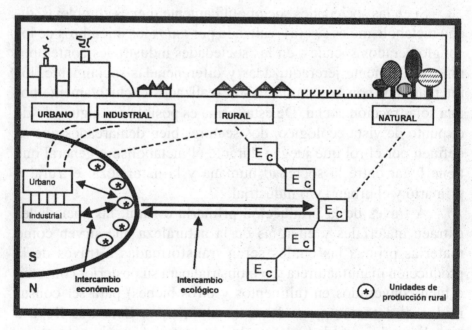

Figura 2.1 En el metabolismo que se establece entre la sociedad (S) y la naturaleza (N), las unidades de producción rural (P) son las encargadas de realizar el acto de apropiación -producción por el cual los ecosistemas (Ec) son internalizados en forma de materia, energía, bienes, servicios.

En el mundo contemporáneo, donde las diferentes formaciones sociales (representadas por las naciones) se hallan cada vez más integradas a través de los circuitos económicos, culturales y de información, cada sociedad presenta una diferente configuración de sus sectores natural, rural y urbano-industrial, y un diferente y particular arreglo de los procesos básicos que conforman el metabolismo general entre éstos. De igual forma, cada sociedad se articula y afecta a la naturaleza de diversas maneras y con diferentes grados de intensidad. El complejo entramado de articulaciones de proce-sos en el interior y entre las naciones da lugar, finalmente, a una realidad ecológico-social donde los fenómenos de cáracter natural y los de estirpe social y humano se determinan mutuamente.

El resultado de esta doble conceptualización (ecológica de la sociedad y social de la naturaleza) toma cuerpo en una visión cualitativamente superior de la realidad del planeta en razón de dos hechos. Por un lado, porque deriva de un abordaje que supera el conocimiento parcelado y la habitual separación entre las ciencias naturales y las sociales y humanas, al que nos tiene condenado la práctica dominante del quehacer científico. Por el otro, porque inserta esta visión abstracta en la dimensión concreta del *espacio* (planetario); es decir, sitúa cada fenómeno social y natural en un contexto donde la posición y la escala se vuelven también factores determinantes. Desde el punto de vista político, en el contexto del papel jugado por los distintos sectores sociales y los conflictos que se derivan de su interacción, esta nueva conceptualización resulta de gran importancia porque ubica las problemáticas en escenarios concretos (territorios) y tiene como referente fundamental los procesos de la naturaleza, los cuales a su vez no pueden entenderse sin su interacción con los conglomerados humanos.

La apropiación de la naturaleza: la importancia estratégica de lo rural

La apropiación de la naturaleza constituye el primer acto del proceso metabólico que la especie humana, erigida en sociedad, establece con el universo natural; y constituye el acto clave que permite distinguir lo rural de los otros dos universos. Como hemos señalado anteriormente, estos universos, considerados como espacios sociales, hallaron una expresión territorial casi unívoca durante sus orígenes (por ejemplo, la revolución agrícola o neolítica dio lugar a los primeros paisajes rurales, y lo mismo sucedió con la aparición de las ciudades y, siglos después con el surgimiento de la industria).

En más de un sentido, el concepto de metabolismo que emerge desde una perspectiva ecológico-social resulta casi equivalente al de *producción* (Produktion) empleado por K. Marx, un término que ha sido recurrentemente reducido a su mera expresión economicista, no obstante conlleva una idea de carácter holístico[32]. Por ello, el término de apropiación viene a representar, en cierto modo, una fracción del proceso general de la producción en tanto que se refiere al momento (concreto, particular y específico) en el que los seres humanos se articulan con la naturaleza a través del trabajo. En otro sentido, la *apropiación* conforma la dimensión propiamente ecológica de este proceso general de producción, un aspecto que ha sido largamente olvidado por la gran mayoría de sus analistas.

El término de apropiación que califica el acto por el cual un sujeto social hace suya una «cosa», se aplica en este caso a la acción por la cual los seres humanos extraen elementos o se benefician de algún servicio de la naturaleza para volverlos un elemento social. Es decir, se trata del acto por el cual los humanos hacen transitar un fragmento de materia (o energía) desde el «espacio natural» hasta el «espacio social», momento en el cual la *apropiación* se metamorfosea en *producción* (en su sentido estricto, es decir como el segundo acto particular del proceso productivo). En tal sentido, la apropiación de la naturaleza es un acto de internalización o asimilación de elementos o servicios naturales al «organismo» social[33].

Esta acción, que determina a y es determinada por las fuerzas naturales representados por los *ecosistemas*, es al mismo tiempo un

---

[32] Wolf, 1982:21.
[33] Toledo, 1989

acto que determina y es determinado por el resto de los procesos que conforman ese metabolismo general: la circulación, la transformación, el consumo y la excreción. Dependiendo del momento histórico en el que se realiza el abordaje, la apropiación-producción será, según sea el caso, el elemento determinante o determinado del proceso metabólico general.

Por ejemplo, mientras que en las sociedades agrarias la apropiación-producción fue (y es) el elemento determinante, en las modernas sociedades industriales es la transformación y el consumo quienes determinan a aquéllos. Por otra parte, desde un punto de vista meramente ecológico, la forma que toma la apropiación, esto es, la acción por la cual los seres humanos extraen elementos naturales, determinará los efectos que esta operación tenga sobre la naturaleza que, como sabemos, es la base material de toda producción (social). En tal sentido, el calificativo de *productor* que reciben los seres humanos desde una óptica estrictamente económica cuando éstos ejecutan el proceso del trabajo, se traduce en el de *apropiador* cuando el acto de la producción se enfoca dede una perspectiva primordialmente ecológica (es decir, de sus relaciones con los procesos naturales).

En una realidad donde las distintas esferas sociales aparecen ya íntimamente relacionadas a través del metabolismo, los sectores dedicados a apropiarse los elementos de la naturaleza se tornan enclaves estratégicos para la supervivencia de las ciudades y de la industria. Por ello, hoy en día pensar que los conglomerados urbanos del planeta lograrán mantener satisfechas sus expectativas de consumo sin el concurso de los productores rurales resulta absurdo. La «solidaridad funcional» entre los diferentes sectores de la cadena productiva es ya una tarea impostergable.

Los pueblos indígenas en el mundo contemporáneo

La apropiación humana de la naturaleza es un proceso realizado por una miríada de productores rurales o primarios, quienes se encargan de internalizar agua, minerales, energía solar y principalmente

seres vivos (o sus productos) de los ecosistemas terrestres, dulcea-
cuícolas y marinos que se apropian. Las estadísticas disponibles
indican que todavía hacia principios de la década de los noventa
casi la mitad de los seres humanos realizaban actividades primarias
es decir: se ocupaba de laborar a la naturaleza[34]. No obstante los
cambios producidos por más de dos siglos de industrialización, en
el amanecer del nuevo milenio los espacios agrarios del mundo
siguen siendo un complejo mosaico polícromo donde las formas
preindustriales o premodernas de apropiación de la naturaleza
entran en conflicto, coexisten o se hibridizan con las formas agroindustriales o modernas. En efecto, entre un 60 y un 80 por ciento
de la población agrícola del mundo se encuentra representada por
unidades productivas de pequeña escala, cuya fuente principal de
energía es el sol y que adopta una estrategia diversificada o de uso
mútliple[35]. La mayor parte de esta población realizan la apropiación de la naturaleza no como unidades aisladas, sino como parte de
núcleos domésticos o familiares que, a su vez, se encuentran integrados a comunidades agrarias o rurales. Buena parte de estas
comunidades pertenece, culturalmente, a los llamados pueblos
indígenas, que son los pobladores "originales" de un cierto territorio;
es decir, quienes lo han habitado por muchas generaciones.

La población indígena del mundo contemporáneo se estima
entre 300 y 700 millones[36] (anexo 3), la cual habita en alrededor de
setenta y cinco de los ciento ochenta y cuatro países del mundo y en
prácticamente cada uno de los principales biomas de la Tierra, especialmente los ecosistemas terrestres y acuáticos menos perturbados
y de mayor riqueza biológica. Los pueblos indígenas, también
llamados pueblos tribales, aborígenes o autóctonos, minorías nacionales o primeros pobladores, se pueden definir utilizando varios
criterios: a) son descendientes de los habitantes originales de un
territorio que ha sido sometido por conquista, b) son «pueblos rús-

---

[34] FAO, 1991.

[35] Toledo, 1997.

[36] Toledo, 2000.

ticos o magrarios», tales como agricultores permanentes o nómadas, pastores, cazadores y recolectores, pescadores o artesanos. que
adoptan una estrategia de uso múltiple de apropiación de la naturaleza, c) practican un forma de producción rural a pequeña escala
que es intensiva en trabajo, que produce pocos excedentes y bajo
sistemas con necesidades energéticas bajas, d) no tienen instituciones políticas centralizadas, organiza su vida a nivel comunitario y
toman decisiones en base al consenso, e) comparten lenguaje, religión,
valores morales, creencias, vestimentas y otras características de
identificación, así como una relación con un territorio particular,
f) tienen una visión del mundo diferente, que consiste en una actitud
no materialista, de custodia hacia la tierra y los recursos naturales
basada en un intercambio simbólico con el universo natural, g) viven
subyugados por una cultura y sociedad dominantes, y h) se componen de individuos que subjetivamente se consideran a sí mismos
como indígenas.

Basados en el porcentaje de la población total identificada como
perteneciente a pueblos indígenas, es posible reconocer un grupo de
naciones con una fuerte presencia de estos pueblos: Papúa, Nueva
Guinea (77 por ciento), Bolivia (70), Guatemala (47), Perú (40),
Ecuador (38), Mynamar (33), Laos (30), México (12) y Nueva
Zelanda (12). Por otro lado, el número absoluto de personas reconocidas como indígenas permite identificar países con una alta población indígena, tales como India (más de 100 millones) y China
(entre 60 y 80 millones).

La importancia biológica y ecológica de los pueblos indígenas

La evidencia científica muestra que no existe ningún fragmento del
planeta que no haya sido habitado, modificado o manipulado a lo
largo de la historia. Aunque parezcan vírgenes, muchas de las últimas regiones silvestres más remotas o aisladas están habitadas por
grupos humanos o lo han estado milenios. Los pueblos indígenas
viven y poseen derechos reales o tácitos sobre territorios que, en
muchos casos, albergan niveles excepcionalmente altos de biodi-

versidad. En general, la diversidad cultural humana está asociada con las principales concentraciones de biodiversidad que quedan y tanto la diversidad cultural como la biológica están amenazadas o en peligro.

Desde el punto de vista lingüístico, toda la población mundial pertenece a entre cinco mil y siete mil culturas. Se estima que entre cuatro mil y cinco mil de estas corresponden a los llamados pueblos indígenas. Así, éstos representan un índice tan alto como es el 80 a 90 por ciento de la diversidad cultural del mundo. Sobre la base de los inventarios hechos por los lingüistas, podemos trazar una lista de las regiones y países con el mayor grado de diversidad cultural en el mundo. De acuerdo con *Ethnologue*, que es el catálogo más completo que existe de las lenguas del mundo, hay un total de 6,703 lenguas (en su mayoría orales), 32 por ciento de las cuales se encuentran en Asia, 30 por ciento en África, 19 por ciento en el Pacífico, 15 por ciento en América y 3 por ciento en Europa (Grimes, 1996). Tan sólo doce países representan el 54 por ciento de las lenguas humanas. Estos países son: Papúa Nueva Guinea, Indonesia, Nigeria, India, Australia, México, Camerún, Brasil, Zaire, Filipinas, USA y Vanuatu.

A escala planetaria, la diversidad cultural se encuentra asociada con las principales concentraciones de biodiversidad existentes. De hecho, existen evidencias de traslapes notables en los mapas globales entre las áreas del mundo con alta riqueza biológica y las áreas de alta diversidad de lenguajes, el mejor indicador para distinguir una cultura. La correlación anterior puede ser certificada tanto en base a un análisis de cada país, como a través del uso de criterios biogeográficos. En efecto, de acuerdo con los más recientes y detallados análisis acerca de la biodiversidad desde una perspectiva geopolítica existen doce países que albergan los mayores números de especies y de especies endémicas[37]. Esta evaluación se basó en el análisis comparativo de ocho grupos biológicos principales: mamíferos, aves, reptiles, anfibios, peces de agua dulce, escarabajos y plantas con flores. Las naciones consideradas como países "mega-diversos" son: Brasil, Indonesia, Colombia, Australia, México, Madagascar, Perú, China, Filipinas, India, Ecuador y Venezuela.

---

[37] Mittermeier et al., 1997.

Así, la relación entre la diversidad cultural y la biológica sobresale en las estadísticas globales: nueve de los doce centros principales de diversidad cultural (en términos del número de lenguas) están también en el registro de la megadiversidad biológica y, recíprocamente, nueve de los países con la mayor riqueza de especies y endemismos están también en la lista de las veinticinco naciones con las cifras más altas de lenguas endémicas (anexo 4).

Los vínculos entre las diversidades biológica y la cultural también pueden ilustrarse usando los datos del llamado *Global 200*, un programa de la *World Wild Fund for Nature* (WWF) desarrollado como una nueva estrategia para identificar prioridades de conservación, y que está basado en un enfoque ecorregional. Como parte de este programa, la *WWF* ha identificado una lista de doscientas treinta y tres ecorregiones biológicas terrestres, acuáticas y marinas que son representativas de la más rica diversidad de especies y hábitats de la Tierra. Un análisis preliminar conducido por la *People & Conservation Unit de la WWF* acerca de los pueblos indígenas en las 136 ecorregiones de Global 200, reveló patrones interesantes. Cerca del 80 por ciento de las ecorregiones están habitadas por uno o más pueblos indígenas y la mitad de los tres mil grupos indígenas estimados globalmente son habitantes de estas ecorregiones. Sobre una base biogeográfica, todas las regiones, exceptuando la paleártica, mantienen 80 por ciento o más de sus territorios habitados por pueblos indígenas.

Los pueblos indígenas ocupan, además, una porción sustancial de los hábitats menos perturbados del planeta (bosques tropicales y boreales, montañas, pastizales, sabanas, tundras y desiertos), junto con grandes áreas de las costas y riberas del mundo (incluyendo manglares y arrecifes de coral[38]. La importancia de los territorios indígenas para la conservación de la biodiversidad es, por lo tanto, evidente. De hecho, los pueblos indígenas controlan, legalmente o no, inmensas áreas de recursos naturales. Entre los ejemplos más notables destacan los casos de los Inuit (antes conocidos como esquimales), quienes gobiernan una región que cubre una quinta

---

[38] Durning, 1993.

parte del territorio de Canadá (222 millones de hectáreas), las comunidades indígenas de Papúa Nueva Guinea, cuyas tierras representan el 97 por cientodel territorio nacional, y las tribus de Australia con cerca de 90 millones de hectáreas. Aunque alcanzan sólo arriba de 250 000 habitantes, los indios de Brasil poseen un área de más de 100 millones de hectáreas, principalmente en la cuenca del Amazonas, distribuidas en quinientas sesenta y cinco territorios. Cerca del 60 por ciento de las áreas prioritarias recomendadas para su protección en el centro y sur de México están habitadas por pueblos indígenas también, y la mitad de las 30 000 comunidades rurales del país está distribuida en los diez estados biológicamente más ricos del territorio mexicano. En suma, en una escala global se estima que el área total bajo control indígena probablemente alcance entre el 12 y el 20 por ciento de la superficie terrestre del planeta.

El mejor ejemplo de traslapes notables entre pueblos indígenas y áreas biológicamente ricas, es el caso de los bosques tropicales húmedos. De hecho, hay una clara correspondencia entre las áreas de bosques tropicales que quedan y la presencia de pueblos indígenas en América Latina, la cuenca del Congo en África y varios países de Asia tropical tales como Filipinas, Indonesia y Nueva Guinea. Es notable la fuerte presencia de pueblos indígenas en Brasil, Indonesia y Zaire solamente, que juntos representan el 60 por ciento de todos los bosques tropicales del mundo. Muchos bosques templados del mundo también se traslapan con territorios indígenas, como por ejemplo en India, Mynamar, Nepal, Guatemala, los países andinos (Ecuador, Perú y Bolivia) y Canadá. Por otro lado, más de dos millones de isleños del Pacífico sur, la mayoría de los cuales son pueblos indígenas, sigue pescando y cosechando los recursos marinos en áreas de alta biodiversidad (como los arrecifes de coral).

La importancia civilizatoria de las comunidades rurales

Frente a la presencia avasallante del modelo industrial, sólo dos ámbitos sociales parecen hoy en día mantenerse como verdaderos focos de resistencia civilizatoria: los que podemos considerar como postmodernos, y aquellos que pertenecen a islas o espacios de premodernidad o preindustrialidad. A los primeros pertenece toda la gama polícroma de movimientos sociales y contra-culturales que hoy existen en buena parte de los ámbitos urbanos e industriales del mundo (pues difícilmente se encuentran propuestas civilizadoras alternativas en los discursos de lo partidos políticos contemporáneos). Las recientes protestas en Seattle, Estados Unidos, durante la reunión de la Organización Mundial del Comercio, ilustra la existencia de estos movimientos. Los segundos por lo común se encuentran en aquellos enclaves del planeta donde la civilización occidental no pudo o no ha podido aún imponer y extender sus valores, prácticas, empresas, y acciones de modernidad. Estos enclaves coinciden con aquellas regiones del orbe donde todavía persisten formas contemporáneas de estirpe no occidental derivadas de procesos civilizatorios de carácter histórico. Se trata de enclaves predominante, aunque no exclusivamente, rurales, de países como India, China, Egipto, Indonesia, Perú o México, en donde la presencia de diversos pueblos indígenas (campesinos, pescadores, pastores y de artesanos) confirman la presencia de modelos civilizadores distintos a los que se originaron en Europa. Éstos no constituyen arcaísmos inmaculados, sino síntesis contemporáneas o formas de resistencia de los diversos encuentros que han tenido lugar en los últimos siglos entre la fuerza expansiva de Occidente y las fuerzas todavía vigentes de «los pueblos sin historia»[39].

Herederos directos de una tradición que se remonta a por lo menos los últimos diez mil años, los pueblos indígenas actuales continúan escenificando nuevos ciclos de resistencia. Su presencia estratégica en áreas de gran importancia biológica, aunada a sus cosmovisiones, conocimientos y prácticas productivas más cercanas a los principios ecológicos, les hacen hoy en día actores claves en un mundo amenazado por el mal uso y el deterioro de los recursos naturales. En esta perspectiva, destaca sin duda el papel jugado por las comunidades rurales, que son las estructuras sociales que

---

[39] Wolf, 1982.

han logrado mantener y reproducir lo que culturalmente se conoce como pueblos indígenas.

La historia remota y reciente de la comunidad rural, su persistencia, contracción, sometimiento, expansión, recreación o renacimiento, a lo largo y lo ancho del tiempo y del espacio, puede ser revelada a través de la historia, pues buena parte de la vida agraria antigua y contemporánea se ha desarrollado en comunidad; es decir, en conjuntos societarios de familias arraigadas a un fragmento de naturaleza.

Como células productivas y sociales, las comunidades rurales son los últimos reductos históricos (o recreaciones y resurgimientos) de las sociedades igualitarias primigenias. Si están presentes al cierre del siglo XX, es porque han logrado resistir durante casi diez mil años los numerosos embates de las sociedades a las que han pertenecido, desde las antiguos estados despótico tributarios, pasando por las formas esclavistas, feudales y mercantiles, hasta llegar al moderno estado capitalista, urbano e industrial.

En el presente, las comunidades rurales persisten de manera especial en algunos países (India, China, México, Nepal, Perú), se encuentran más o menos asediadas en otros (Guatemala, Nepal), han sido reinventadas por nuevos procesos sociales (Tanzania) o apenas subsisten, heridas ya de muerte. Los países donde la comunidad rural es todavía una realidad vigente son China, donde una nueva estrategia desarticuladora de la política colectivista de Mao, basada en la comuna, parece reinstalar a las comunidades rurales como el nuevo eje de la vida social rural; India, donde a pesar del estatismo existen 550,000 comunidades rurales; México, donde la revolución agraria legó la existencia de casi 30,000 ejidos y comunidades indígenas; y los principales países Andinos, como en Perú, donde hoy en día resisten a la modernidad unas 5,000 comunidades indígenas.

Estas comunidades, olvidadas, marginadas y asediadas por los mecanismos avasallantes de la modernidad, representan en teoría y constituyen en la práctica, valiosos primordios de nuevas propuestas de civilización. Como microcosmos societarios en donde han logrado preservarse atributos humanos primigenios, maneras de ver el mundo, estrategias de producción y consumo, formas de organización política o de comunicación, las comunidades rurales mejor dotadas y estucturadas son hoy ejemplos vivientes de una forma de vivir y convivir radicalmente distintos a los de los sociedades industrializadas. Donde han logrado refuncionalizarse o recrear su propia esencia o estructura; es decir, donde han logrado mantener bajo control sus propios procesos de modernización, éstas han dado lugar a verdaderos «tesoros vivientes», desde el punto de vista social, cultural y ecológico.

En fin, en una época en la que la sociedad moderna se encuentra en crisis, que como hemos visto es una crisis de civilización, la comunidad rural contiene rasgos que se tornan rescatables y valiosos, especialmente porque se opone al individualismo, sobre el que se erige la actual modernidad, y porque promueve la solidaridad y la fraternidad entre sus miembros. En efecto, en la comunidad rural el individuo adquiere sentido por su pertenencia a un todo donde su relación con los otros no está basada en el dominio, sino en la reciprocidad de servicios, y en una economía de la reciprocidad tiene más prestigio quién sirve más[40]. A ello deben agregarse sus formas de organización productiva y social, en donde las decisiones se toman por consenso y su cohesión proviene de un entramado de intercambios recíprocos. Como estructura societaria, conforma un microcosmos que reproduce a una pequeñísima escala la idea de comunidad humana global al que el nuevo proceso de globalización está conduciendo, tanto por la integración de los diferentes espacios y sectores sociales, como por la necesidad de enfrentar la creciente crisis de supervivencia.

---

[40] Villoro, 1997.

III

El otro zapatismo:
Luchas indígenas de inspiración
ecológica en México

El otro zapatismo: Luchas indígenas de inspiración ecológica en México

Los indígenas de Chiapas no son los únicos actores que luchan activamente en el campo de México. En paralelo a la revuelta zapatista, numerosos movimientos sociales de inspiración ecológica han ido creciendo durante las últimas dos décadas en buena parte de las regiones indígenas del México rural. Estas acciones, menos conocidas pero exitosas, han sido llevadas a cabo por cientos de comunidades de campesinos y pescadores y sus organizaciones regionales y nacionales, y han sido desarrolladas por ellos mismos o con el apoyo de organizaciones no gubernamentales, instituciones técnicas y científicas, organizaciones religiosas, algunas dependencias del gobierno y fundaciones progresistas. Estos movimientos, que operan localmente, constituyen en conjunto un movimiento generalizado de resistencia indígena de carácter pacífico. Este capítulo describe y analiza esta "revolución silenciosa",que reverbera a través del país, y llama la atención sobre su enorme potencial político, técnico, cultural e ideológico en la búsqueda de la paz y en la construcción de una modernidad alternativa.

Entendiendo el contexto: la riqueza biocultural de México

México es, antes que todo, una sinfonía de texturas y tradiciones, un país privilegiado desde el punto de vista biológico y cultural. Su territorio es hogar de un gran número de especies de plantas, animales, hongos y otros organismos, así como de una gran cantidad de pueblos indígenas que hablan diferentes lenguas. Como resultado, el país ha sido colocado entre las primeras diez naciones en términos de riqueza bio-cultural, y está considerado como uno de los centros principales de biodiversidad en el mundo, justo después de Brasil, Indonesia, Australia y Colombia[41].

Aunque mucho se ha especulado con respecto a esta desusada riqueza, la mayoría de los investigadores concuerdan, en que la gran diversidad cultural y biológica de México es, a su vez, producto de otra característica igualmente importante: la heterogeneidad ecológica, un rasgo sólo igualado por India y Perú[42]. Y esta diversidad de ambientes junto con la riqueza de los recursos naturales fueron, sin duda, factores decisivos en hacer de México la cuna de la antigua civilización mesoamericana. En efecto, en un proceso de evolución cultural por demás único, el territorio mexicano fue el escenario donde tuvo lugar un fenómeno de multiplicación de las culturas todas ellas pertenecientes a una misma matriz civilizatoria. De esta forma, en los últimos tres mil años surgieron a lo largo y lo ancho del territorio de México un sinfín de sociedades, distinguibles por la lengua y otros rasgos. En este fenómeno de diversificación cultural, una planta operó como la piedra angular que hizo posible traducir esa gran heterogeneidad biológica y ecológica de los territorios en variedad de culturas: el maíz.

Como consecuencia, México es hoy el hogar de la mayor población de pueblos indígenas en América, hablantes de cerca de 230 diferentes lenguas y dialectos, y pertenecientes a aproximadamente cincuenta principales culturas (figura 3.1). Esta población indígena se distribuye por prácticamente todos los principales hábitats del país (figura 3.2) y posee, por lo tanto, una experiencia milenaria sobre el manejo de sus recursos naturales. A este sector indígena de México distinguido por la lengua y con una población estimada en 1990 de entre 10.5 y 12 millones, debe agregarse todo un contingente de población "mestiza", la cual difícilmente se distingue por su apariencia física, sus costumbres y su cosmovisión de los miembros de cualquier comunidad indígena. Este otro sector al que

---

[41] Mittermeier et al., 1997.
[42] Toledo & Ordoñez, 1993.

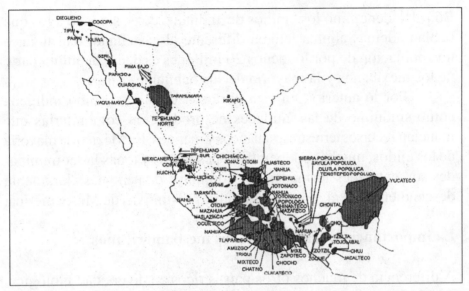

Figura 3.1 Distribución geográfica de las culturas indígenas de México (etnias). Fuente: Díaz-Couder, 1987.

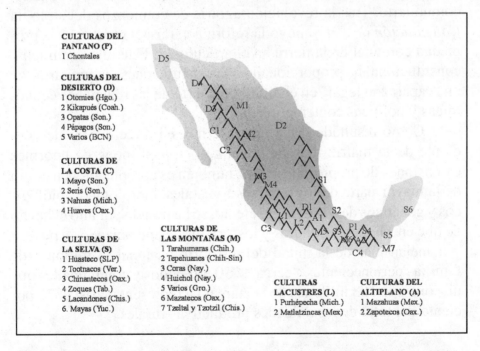

Figura 3.2 Distribución de las culturas indígenas por las principales zonas ecológicas de México.

Bonfil[43] denominó los "indios desindianizados", sumado a los que hablan además alguna lengua diferente al castellano, dan lugar a una población de por lo menos 20 millones es decir, la quinta parte de los mexicanos y la mayoría de sus habitantes rurales.

Por lo anterior, en esta obra se utiliza el término indígena como sinónimo de las unidades de producción comunitarias que manejan recursos terrestres, acuáticos y marinos. En México, la mayoría de los ejidos, muchas cooperativas pesqueras y todas las comunidades son entidades formadas por conjuntos de personas claramente descendientes de alguna de las culturas distintivas de Mesoamérica.

La importancia estratégica de los mesoamericanos

A diferencia de muchos otros países ricos en diversidad biológica, en México los usuarios de los recursos naturales han obtenido la protección del Estado y el amparo de las leyes para realizar un manejo comunitario. Tras la revolución agraria de comienzos del siglo, la *Constitución de 1917* apoyó la reforma agraria y reconoció la propiedad comunal de la tierra en el artículo 27. Este reconocimiento constitucional ha proporcionado a las instituciones comunitarias de un "caparazón legal" en el difícil concierto de las relaciones económicas y políticas contemporáneas[44].

Como resultado de lo anterior, hoy en día el sector descendiente de la matriz mesoamericana no sólo dispone de enormes extensiones de propiedad agraria, también es apropiador y custodio de la mayor parte de los recursos forestales, hidrológicos, biológicos y genéticos de México. En efecto, se ha pasado por alto el hecho de que en México los indios y los "indios desindianizados", poseen y manejan más de la mitad del territorio nacional (3 millones de familias pertenecientes a cerca de 30 mil ejidos y comunidades que disponen de 103 millones de hectáreas) y representan casi el 70 por ciento del total de las unidades productivas rurales.

---

[43] Bonfil, 1987.
[44] Alcorn & Toledo, 1998.

Este consorcio de familias y comunidades, que es el sector clave en la producción de maíz, frijol, y otros granos básicos, también representa el principal generador de otros productos agrícolas como la miel o el café, que es el principal producto de exportación de México.

Desde la perspectiva de los recursos naturales, los mesoamericanos son, además, los dueños y usufructuarios de alrededor del 80 por ciento de los bosques y selvas del país (bajo el manejo de entre 7 mil y 9 mil ejidos y comunidades), lo que hace de México el laboratorio del experimento de manejo forestal comunitario más importante del mundo[45]. A lo anterior debe agregarse que bajo el control mesoamericano se encuentran la gran mayoría de las "fábricas de agua" del centro y sur del país, pues buena parte de las llamadas "áreas de refugio" para la población indígena coinciden con las partes altas de innumerables cuencas hidrológicas, en cuyos territorios se origina el agua que alimenta a innumerables hidroeléctricas, centros urbanos e industriales, zonas de agricultura de riego, áreas costeras de pesca y polos turísticos.

Los mesoamericanos disponen, finalmente, de los principales yacimientos biológicos y genéticos del país; es decir, de las áreas de mayor riqueza de especies de plantas, animales, hongos y otros organismos, y las que conservan aún el mayor número de variedades genéticas (germoplasma). Ilustra lo anterior el hecho de que el 60 por ciento de las áreas de centro y sur de México reconocidas como prioritarias por la Comisión Nacional para el Conocimiento y Uso de la Biodiversidad (CONABIO) correspondan a territorios de comunidades indígenas (figura 3.3), o que la mayoría de las Reservas de la Biosfera del país, que son áreas bajo protección por su riqueza biológica, se traslapen o estén rodeadas por los territorios de comunidades y ejidos.

En resumen, un axioma fundamental ha sido inexplicablemente ignorado: en un mundo cada vez más globalizado e integrado, donde todos los espacios y sectores sociales del planeta se vuelven cada

---

[45] Bray, 1995.

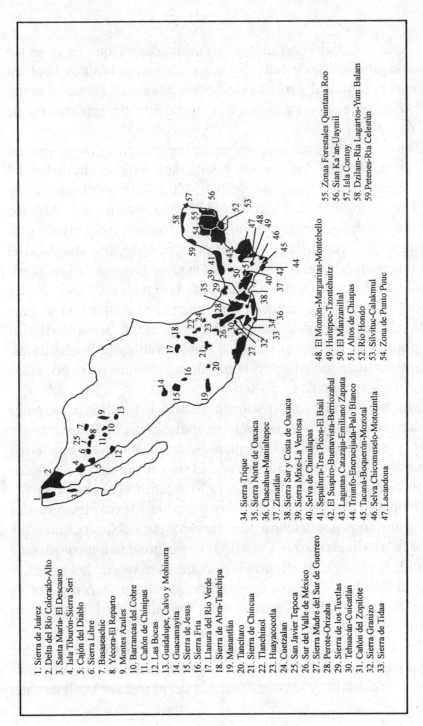

1. Sierra de Juárez
2. Delta del Río Colorado-Alto
3. Santa María- El Descanso
4. Isla Tiburón-Sierra Seri
5. Cajón del Diablo
6. Sierra Libre
7. Basaseachic
8. Yécora-El Reparto
9. Montes Azules
10. Barrancas del Cobre
11. Cañón de Chinipas
12. Las Bocas
13. Guadalupe, Calvo y Mohinora
14. Guacamayita
15. Sierra de Jesus
16. Sierra Fría
17. Llanura del Río Verde
18. Sierra de Abra-Tanchipa
19. Manantlán
20. Tancítaro
21. Sierra de Chincua
22. Tlanchinol
23. Huayacocotla
24. Cuetzalan
25. San Javier Tepoca
26. Sur del Valle de México
27. Sierra Madre del Sur de Guerrero
28. Perote-Orizaba
29. Sierra de los Tuxtlas
30. Tehuacán-Cuicatlán
31. Cañón del Zopilote
32. Sierra Granizo
33. Sierra de Tidaa

34. Sierra Trique
35. Sierra Norte de Oaxaca
36. Chacahua-Maniáltepec
37. Zimatlán
38. Sierra Sur y Costa de Oaxaca
39. Sierra Mixe-La Ventosa
40. Selva de Chimalapas
41. Sepultura-Tres Picos-El Baúl
42. El Suspiro-Buenavista-Berriozabal
43. Lagunas Catazaja-Emiliano Zapata
44. Triunfo-Encrucijada-Palo Blanco
45. Tacaná-Boquerón-Mozotal
46. Selva Chicomuselo-Motozintla
47. Lacandona

48. El Momón-Margaritas-Montebello
49. Huitepec-Tzontehuitz
50. El Manzanillal
51. Altos de Chiapas
52. Río Hondo
53. Silvituc-Calakmul
54. Zona de Punto Puuc

55. Zonas Forestales Quintana Roo
56. Sian Ka'an-Uaymil
57. Isla Contoy
58. Dzilam-Ría Lagartos-Yum Balam
59. Petenes-Ría Celestún

Figura 3.3 Distribución geográfica de las ciento cincuenta y cinco regiones consideradas por la Comisión Nacional para el Conocimiento y Uso de la Biodiversidad (CONABIO) como «áreas prioritarias» por su gran riqueza biológica. Los números en círculo indican regiones localizadas en territorios indígenas.

vez más (no cada vez menos) interdependientes, los actores rurales, percibidos como un segmento atrasado, distante y de menor importancia, constituyen sectores estratégicos para la supervivencia de los conglomerados urbanos e industriales de toda sociedad. Y en México, como hemos visto, este sector se encuentra dominado por actores sociales que provienen de una matriz cultural antigua y diferente a la civilización occidental: Mesoamérica.

Un ambientalismo inesperado: luchas rurales de inspiración ecológica

Los analistas políticos que investigan a los campesinos y pescadores contemporáneos tienden a clasificarlos por dos modos de lucha rural: aquéllos que demandan derechos sobre la tierra o el agua (activismo agrario), y aquéllos que buscan el control de sus procesos productivos (activismo económico). En el primer caso, las movilizaciones se enfocan exclusivamente a asuntos de tenencia de la tierra o del agua. Éstos incluyen los millones de demandas por antiguos derechos territoriales o nuevas porciones de tierra, que han desembocado en las reformas agrarias de muchos países del Tercer Mundo. En el segundo caso, las movilizaciones obedecen a cuestiones de producción, comercialización y control sobre las decisiones productivas. Así, la apropiación del proceso productivo (incluyendo la comercialización) se convierte, sin abandonar las demandas previas, en el objetivo fundamental de las movilizaciones políticas de los grupos rurales. En teoría, las luchas económicas siguen, históricamente, a las demandas agrarias. Después de todo, las reformas agrarias no logran abolir los mecanismos de intercambio económico a través de los cuales a los productores rurales se les sigue extrayendo un excedente agrícola[46] (la famosa "ley de San Garabato" del imaginario campesino: "compra caro y vende barato").

Hoy, la perspectiva ecológica nos permite distinguir una tercera e innovadora forma de movilización política, especialmente

---

[46] Powelson & Stock, 1987.

ligada al uso apropiado de los recursos naturales, las prácticas agroecológicas, la defensa y conservación de ecosistemas y especies (bosques, lagos, manglares, ríos, arrecifes de coral), la resistencia al uso expoliador por actores externos de los recursos locales o contra la contaminación industrial (incluidos los desechos nuclea- es) de diferentes recursos. En la actualidad han sido documentados los conocidos casos de activismo ecológico a lo largo de la cuenca amazónica (desde los extractores de caucho hasta los movimientos indígenas que buscan la conservación de los bosques tropicales), en los países andinos, las luchas de los campesinos de Centro América o Asia o el ya célebre movimiento Chipko en la India en defensa de los bosques. Los análisis en estas iniciativas autogestionarias y de resistencia local, llamadas por J. Martinez-Alier[47] el "ambientalismo de los pobres", han proliferado en los últimos años.

El caso de México

Para responder a mecanismos que todavía quedan poco claros y que necesitan más investigación y conocimiento, cientos de comunidades indígenas de México han empleado desde hace unas dos décadas, iniciativas y movimientos de resistencia como reacción a problemáticas ligadas con la naturaleza (un inventario detallado de estos movimientos ha sido realizado por el autor con base en la revisión de literatura y archivos de periódico, contacto con organizaciones locales, regionales y nacionales y a través de la participación directa en reuniones, cursos de capacitación y otros eventos), movimientos que han comenzado a ser documentados por algunos autores[48].

En México, estos movimientos rurales cubren, entre otros, los siguientes aspectos: manejo sustentable de bosques tropicales en el sureste (principalmente en Quintana Roo, Campeche y Chiapas) y de bosques templados de montaña (Oaxaca, Michoacán, Durango y otros cinco estados); agricultura orgánica de vainilla (Chinantla, Oaxaca),

---

[47] Martinez-Alier, 1993.

[48] Nigh , 1992; Toledo· 1992c; Bray, 1995; Carruthers, 1997.

miel (Colima), moscabado (Las Huastecas), cacao (Chiapas) y especialmente café (varios estados). Otras iniciativas indígenas incluyen programas de ecoturismo o de ecoartesanías, movilizaciones contra programas de construcción de presas o proyectos megaturísticos, así como defensa de recursos naturales locales o regionales, amenazados por fuerzas externas, tales como los bosques del sur del Distrito Federal, las pesquerías de las lagunas costeras (Tabasco, Campeche y Michoacán), y la defensa de lagos (Michoacán, Jalisco), lagunas (Guerrero), manantiales (Estado de México) y ríos (Morelos).

Un primer recuento de estas experiencias arroja casi una veintena de iniciativas notables, las cuales movilizan a unas dos mil comunidades rurales, principalmente de las porciones central y sur del país (anexo 1). El grueso de estas luchas, su columna vertebral, lo forman sin duda las comunidades forestales y las cafetaleras. Aunque los bosques de las comunidades y ejidos son de propiedad comunal, éstos fueron largamente explotados durante décadas por compañías privadas y empresas estatales, y dejaron mínimos beneficios a sus poseedores locales a través del llamado "derecho de monte". Durante las últimas dos décadas, sin embargo, numerosas comunidades han ido recuperando el control sobre sus propios bosques. Hoy, docenas de comunidades forestales están comprometidas en una producción ecológicamente correcta de productos tanto maderables como no maderables tales como hongos, resinas, plantas medicinales, hojas de palma, gomas y especias. Dentro de este panorama destaca el papel de la Unión Nacional de Forestería Comunitaria (UNOFOC) que impulsa entre sus agremiados (quinientas cincuenta comunidades y ejidos) una producción forestal ecológicamente adecuada, y que aglutina numerosas experiencias exitosas, tales como la Comunidad Indígena de Nuevo San Juan, en Michoacán, las comunidades forestales mayas de Quintana Roo, o las comunidades indígenas de las Sierras Sur y Norte de Oaxaca. La adecuada actividad forestal de varias de estas comunidades ha sido certificada por el *Forest Stewardship Council*, un organismo internacional dedicado a evaluar la producción forestal y de recomendar su consumo.

En el contexto de la producción mundial de café, México ocupa actualmente el cuarto lugar en cuanto a de volúmen, y el quinto en términos de superficie cosechada. Se estima que el número de productores de café alcanza aproximadamente los doscientos mil, quienes cultivan alrededor de 700 000 ha. En México, el 70 por ciento de la producción de café es realizado por productores de comunidades rurales. Una gran parte de este sector comunal está formada por productores indígenas de veintiocho culturas, entre las que destacan los zapotecos, mixtecos, mixes, totonacas, nahuas, huastecos, tzetzales, zoques, tojolabales y chatinos[49]. Estos productores indígenas, mantienen plantaciones agroforestales de café a la sombra, con varios estratos y especies (policultivos), que contrastan con las modernas plantaciones agroindustriales de café bajo sol, que utilizan agroquímicos y generan deforestación y erosión de suelos.

Como resultado de lo anterior, México es el primer país productor y exportador de café orgánico certificado del mundo (lo que representa la quinta parte del volumen total), una parte substancial del cual es generado por productores indígenas. De acuerdo con la Coordinadora Nacional de Organizaciones Cafetaleras (CNOC), que aglutina unos setenta y cinco mil pequeños productores, hacia 1996 el café orgánico era producido por unos once mil quinientos productores de cuatrocientas cincuenta comunidades de Chiapas, Oaxaca, Guerrero y otros estados.

Un contingente importante de comunidades rurales realiza iniciativas ligadas a la conservación. En efecto, puesto que las principales Reservas de la Biosfera de México están rodeadas por ejidos y comunidades, hoy existen numerosas demandas locales que reclaman una participación activa en el manejo de las áreas protegidas. Esta situación es especialmente notable en el sur (Montes Azules, Calakmul, Santa Marta), pero también prevalece en las porciones del centro (Reserva de Chimalapas, de la mariposa Monarca y Manantlán) y del noroeste (Bahía de Lobos y El Pinacate). En este contexto, es importante señalar los procesos iniciados por algunas

---

[49] Moguel & Toledo, 1996

comunidades indígenas, organizaciones ambientales, grupos conservacionistas y científicos mexicanos para crear reservas ecológicas de manejo comunal mediante la implementación de programas de desarrollo sustentable, tal como sucede en Calakmul (Campeche), Los Chimalapas (Oaxaca), o en la reserva de la Mariposa Monarca en Michoacán.

Además de las batallas contra la construcción de presas, que desplazan a miles de personas, anegan sitios sagrados, e inundan tierras fértiles para la agricultura o con bosques, en México existen innumerables ejemplos de luchas indígenas por el agua. Ejemplos notables de lo anterior son los casos de Tepoztlán y Apatlaco en Morelos y de Petacalco (Guerrero) y Zirahuén (Michoacán). Especial mención merecen los indios chontales quienes luchan desde hace dos décadas contra la contaminación petrolera de los ríos y lagunas de Tabasco. Otras experiencias existen en torno a la producción agroecológica, el ecoturismo, la recolección o extracción de recursos vegetales o animales (grana cochinilla o caracol púrpura) y la producción ecológicamente adecuada de artesanías.

El otro zapatismo: dieciocho experiencias notables en México

Con el objeto de ofrecer un panorama de estas iniciativas exitosas, se presenta a continuación, un recuento de dieciocho experiencias notables (para su ubicación geográfica véase la figura 3.4). La selección ha sido hecha con base en varios criterios y, sobre todo, tratando de ilustrar toda la gama de casos de este nuevo fenómeno. Cada uno presenta diferentes matices y niveles de organización social, productiva y política, y responde a diferentes retos y contextos eco-geográficos.

1. Dueñas tácitas de medio millón de hectáreas de bosques tropicales, las comunidades forestales mayas en el centro de Quintana Roo, tomaron control sobre las producción forestal después de casi dos décadas de luchas por la autonomía. Alrededor de cincuenta comunidades mayas, organizadas en cuatro

uniones regionales y comprendiendo 8 mil familias,están manejando sustentablemente sus bosques para producir bienes maderable y no maderables. Entre estos últimos destaca el chicle, o goma de mascar natural, que es un derivado del jugo lácteo o látex del árbol de chicozapote o sapodilla, encontrado en los bosques tropicales de la Península de Yucatán, Belice, y el Norte de Guatemala. Como consecuencia de la organización productiva y la conciencia ecológica de las comunidades, dos mil quinientos extractores de chicle se han convertido en celosos guardianes del chicozapote y de su hábitat, y han creado una empresa que busca la comercialización justa de este producto .

2. En la Reserva de la Biosfera de Calakmul en Campeche un ambicioso programa de manejo sustentable está siendo implantado por las organizaciones locales que viven en los alrededores de la reserva, con asistencia técnica y financiamiento del Banco

Figura 3.4 Dieciocho iniciativas, movilizaciones y experiencias de inspiración ecológica de comunidades indígenas del México contemporáneo.

Mundial, los gobiernos de México y Canadá, y varias instituciones académicas. Su estrategia de uso múltiple permite a los poblados manejar los bosques tropicales para generar productos maderables y no maderables (chicle, pimienta, hojas de palma y fauna silvestre), al tiempo que promueven la producción de subsistencia (maíz, agroforestería, huertos familiares, áreas de ganado intensivo), apicultura y turismo ecológico y arqueológico.

3. El creciente y vigoroso movimiento social que se ha creado alrededor de producción de café orgánico en México se entiende mejor examinando dos de sus iniciativas más notables: ISMAM (Indígenas de la Sierra de Motozintla en Chiapas) y UCIRI (Unión de Comunidades Indígenas de la Región del Istmo, en Oaxaca). Fundada hace más de una década ISMAM es una organización de mil ochocientos pequeños productores indígenas de cinco etnias, que produce y exporta café orgánico a Europa, Estados Unidos y Japón. Promotora de la producción diversificada y la conservación, ISMAM produce miel, protege bosques y recursos de agua y desarrollo proyectos de ecoturismo. UCIRI, por su parte, es una organización multiétnica y multicomunitaria surgida en 1986 que agrupa dos mil quinientos productores mixes, zapotecos y mixtecos de cuarenta y nueve comunidades y que exporta café orgánico a Europa (principalmente Alemania y Suiza). Entre sus logros se cuenta la integración de sistemas cafetícolas bajo sombra diversificada, control biológico, abonos orgánicos y un estricto control de calidad, además de producción orgánica de otros cultivos, creación de terrazas y barreras vivas y programas de salud, nutrición, transporte, infraestructura, investigación y un centro de educación y capacitación para jóvenes campesinos.

4. Sanzekan Tinemi es una organización regional de indios nahuas de La Montaña en el estado de Guerrero. Que cubre siete municipios con una población indígenas cercana a los cuarenta mil, esta organización está apoyando un programa para garantizar la producción sustentable de una palma del bosque

tropical caducifolio (*Brahea dulcis*), cuyas hojas son utilizadas en la localidad para artesanías y productos de subsistencia. Bajo el liderazgo de Sanzekan Tinemi, varias comunidades están creando reservas productivas, programas de reforestación y rutas de comercialización de la hoja de la palma más equitativas.

5. El internacionalmente aclamado megaproyecto turístico que ha estado induciendo impactos destructivos a nivel social y ambiental en el corredor Cancún-Tulum en Quintana Roo, ha sido cuestionado por Yum Balam, una organización regional de cuarenta comunidades indígenas mayas. Esta organización indígena y su equipo técnico están buscando maneras de impulsar el desarrollo de un programa no convencional de turismo ecológicamente aceptable basado en el respeto tanto de la naturaleza como de la cultura maya.

6. Tabasco es, sin duda, la región petrolera más productiva de México y la entidad más abundante en cuerpos de agua de la nación, y cuna y hábitat principal de los indios chontales, quienes desde tiempo inmemorial han dependido de la tierra y del agua para existir. Como la riqueza de aguas de Tabasco está siendo recurrentemente contaminada por la explotación petrolera, los chontales se han organizado para proteger sus recursos y su futuro. Durante las últimas décadas han bloqueado los pozos petroleros innumerables veces, en unión de otros campesinos y pescadores locales. La primera movilización para hacer frente a la contaminación petrolera fue realizada desde finales de los setenta por el llamado Pacto Ribereño.

7. Oaxaca es el estado mexicano con la mayor diversidad biológica y hogar de pueblos indígenas hablantes de más de cien lenguas y dialectos. La Sierra de Juárez de Oaxaca es considerada de gran importancia porque es rica tanto en especies de flora y fauna, un centro importante de endemismos (especies de distribución restringida), y una fuente clave de agua. Esta región, habitada principalmente por comunidades indígenas, ha sido también el escenario de una de las más conocidas luchas por la autonomía y la defensa de los recursos comunales. En los

cincuenta, los bosques de la región era manejados por una compañía paraestatal. En 1980, trece comunidades indígenas se unieron para crear la Organización para la defensa de los Recursos Naturales de la Sierra de Juárez (ODRENASIJ). Su objetivo principal fue el evitar el renuevo de la concesión, para devolver a las comunidades el derecho de manejar sus bosques. Después de casi dos décadas, las comunidades zapotecas y chinantecas de la Sierra de Juárez han creado formas muy exitosas de manejo comunal del bosque y otros recursos naturales, incluyendo la creación de varias reservas naturales y ecoturismo.

8. Habitadas desde tiempo inmemorial, las áreas de México originalmente cubiertas de selvas altas siempreverdes, continúa siendo el territorio de veintitrés grupos indígenas con una población de 1.6 millones, una cifra que supera a la población indígena de toda la cuenca amazónica (estimada en poco más de un millón). La Chinantla, una región tropical húmeda en el estado de Oaxaca, está habitada desde tiempos prehispánicos por los indios chinantecos (con una población de aproximadamente noventa mil), quienes en años recientes han promovido inciativas autogestionarias dirigidas a defender su cultura y a defender y manejar adecuadamente sus recursos naturales locales. Actualmente, varias organizaciones comunales están conservando las selvas tropicales para generar varios productos no maderables, principalmemte vainilla, café, hoja de palma, barbasco, pita (la fibra de una epífita) y plantas medicinales.

9. En las montañas de la llamada Sierra Norte de Puebla, cerca de cinco mil ochocientas familias de indios nahuas han creado una cooperativa regional: Tosepan Titataniske (unidos venceremos). A través de esta organización, las comunidades indígenas producen café orgánico a la sombra de árboles de pimienta, hule, aguacates y otras especies útiles, y reciclan los desechos de café usando su pulpa para la producción doméstica de hongos y el procesamiento de vermicomposta, que a su vez se utiliza como fertilizante en los bosques manejados con vainilla.

10. En México, numerosas comunidades indígenas fueron afectadas por proyectos hidroeléctricos durante las décadas precedentes, particularmente en los estados sureños de Veracruz y Oaxaca. Remontando esta tradición, por primera vez en la historia de México un proyecto importante de construcción de una presa fue exitosamente bloqueado por las protestas de los pueblos nahuas en la región trópical subhúmeda del Alto Balsas en el estado de Guerrero. Esta organización regional promueve hoy en día programas de desarrollo autogestivo con base en el manejo adecuado de los recursos locales.

11. De las pocas áreas que aun quedan en México con selvas altas siempre verdes, la región de Los Chimalapas y sus áreas circundantes es la más importante. Los Chimalapas está ubicado en el corazón del Itsmo de Tehuantepec, justo donde se encuentran los estados de Oaxaca, Veracruz y Chiapas. La gran importancia ecológica de Los Chimalapas, su biodiversidad y su buen estado de conservación hacen de la protección de esta área natural una alta prioridad nacional. En esta perspectiva, es muy importante destacar el proceso iniciado por las comunidades indígenas zoques y pueblos asociados quienes son los dueños históricos y contemporáneos de estas selvas (más de medio millón de hectáreas). Estas comunidades indígenas, junto con organizaciones ambientales, agencias conservacionistas y científicos mexicanos y extranjeros están intentando crear la primera "reserva campesina ecológica" del país.

12. La comunidad indígena de Nuevo San Juan Parangaricutiro, en el corazón de la Meseta Purhépecha en Michoacán, constituye una de las experiencias de manejo forestal comunitario más impresionantes del mundo. Nuevo San Juan es una comunidad indígena con más de mil doscientas familias, que ha desarrollado un programa ejemplar de manejo de recursos naturales en su territorio de mil ochocientas hectáreas. Basada en la producción de madera, astilla y resina, el procesamiento industrial y su comercialización nacional e internacional, la comunidad produce también maíz, aguacate, frutales y ganado, y maneja el

agua, los bosques y la fauna silvestre para su conservación, ecoturismo y educación ambiental.

13. A principios de 1995, un megaproyecto para promover el turismo mediante campos de golf y otras facilidades (hotel y condominios), amenazó la reserva ecológica, los manantiales y las tierras comunales de Tepoztlán, Morelos. Como es bien sabido, la férrea resistencia de la comunidad canceló el proyecto e indujo un gobierno local independiente. Hoy, la comunidad de Tepoztlán está llevando a cabo varios proyectos locales de inspiración ecológica.

14. Las comunidades indígenas que habitan la Sierra de Manantlán, una accidentada cadena montañosa con bosques en Jalisco, estuvieron permanentemente amenazadas por talamontes y ganaderos, hasta que la región fue declarada Reserva de la Biosfera en 1987. La Sierra de Manantlán logró fama internacional en 1977 cuando una especie progenitora del maíz, el llamado teosinte, de importancia genética mundial, fue identificada. Habitadas desde tiempos inmemoriales, las 345 mil hectáreas de la reserva están siendo protegidas por los investigadores y promotores de la Universidad de Guadalajara en coordinación con las comunidades nahuas, que han creado comités locales de derechos humanos, demandado respeto para su cultura y expresado solidaridad con los rebeldes zapatistas.

15. Un decreto presidencial en 1972 concedió derechos exclusivos a los pescadores de la Comunidad Pesquera Yaqui, en el estado de Sonora. Durante este tiempo, la cooperativa ganó reputación como un modelo de desarrollo exitoso de pesquerías de pequeña escala en México. Hoy, cuando invasores no indígenas están pescando en el área y el gobierno mexicano trata de establecer una reserva federal (Bahía de Lobos), los indios yaqui de nuevo demandan respeto para los derechos de la tierra y aguas comunales y están retomando el control sobre sus recursos pesqueros.

6. Los o'odham, hablantes del pima, han vivido durante miles de años en el extenso desierto de Sonora, hoy fracturado por la fron-

tera entre México y Estados Unidos. Nombrada reserva de la Biosfera por la UNESCO, la sierra El Pinacate, hogar de los o'odham, fue declarada área natural protegida por el gobierno mexicano en 1993. Hoy, las comunidades o´odham están demandando la participación activa en el manejo de la reserva de El Pinacate.

17. La región conocida como Las Huastecas en el centro de México, es la porción más norte de las selvas altas siempreverdes en América y hogar de cientos de comunidades indígenas nahuas, huastecas y de otros grupos culturales. Durante 1996 un intenso programa de capacitación en agroecología preparó promotores de cincuenta y siete comunidades indígenas para proyectos locales.

18. Los indios seri son el último grupo nómada de México. Habitantes de la costa de Sonora, aprendieron a subsistir de los recursos del mar (peces, tortugas y un pasto marino de alto contenido proteínico) del Golfo de California y de las plantas y animales del Desierto de Sonora. Hoy, los seris están involucrados en un programa de autovaloración cultural y rescate de sus conocimientos sobre la naturaleza y en un proyecto de ecoturismo y manejo de la vida silvestre en la isla Tiburón.

El ambientalismo indígena: ¿una creación post-moderna?

Las experiencias de las comunidades indígenas de México descritas en este capítulo son un fenómeno notable en el recientemente documentado "ambientalismo de los pobres", que está creciendo vertiginosamente en el Tercer Mundo. Representan, en el fondo, ejemplos concretos de modalidades novedosas que apuntan hacia una modernidad alternativa. Su principal virtud es que han logrado generar fórmulas que parecen resolver la siempre presente contradicción entre "tradición" y "modernidad". En cierto sentido, son ejemplos perfectos del fenómeno que García-Canclini[50], describió

---

[50] García-Canclini, 1989.

como "culturas híbridas" para la América Latina postmoderna. Se trata, en efecto, de experiencias locales y microrregionales, donde las estructuras tradicionales comunitarias, heredadas de un largo proceso histórico, se han potenciado en su articulación con el mundo exterior, a través de una cierta "alianza con la naturaleza"; es decir, mediante la defensa y el uso adecuado de los recursos naturales locales. Este potenciamiento ha permitido a las comunidades y a sus organizaciones microrregionales, estatales e incluso nacionales, pasar a la ofensiva en un mundo que por definición les es notablemente hostil.

Paradójicamente, la clave de su éxito ha sido la revitalización de muchos de los principios y valores que contradicen el paradigma social dominante: solidaridad social y conciencia comunitaria frente al individualismo, democracia de base frente a democracia formal, uso diversificado de los recursos frente a uso especializado, acumulación colectiva, no individual, de capital. Ello significa, nada más y nada menos, que la adecuación de la estructura, la racionalidad y la filosofía comunitarias en el no poco hostil universo mercantil, materialista, individualista, cibernético y global del mundo moderno. En el fondo se trata de colectividades que han logrado "domesticar" o poner bajo control social los procesos externos provenientes del mundo moderno, que tienden a afectarlas o destruirlas.

De las iniciativas más sobresalientes examinadas en este ensayo pueden derivarse cinco fenómenos principales: 1) defensa de los valores culturales tradicionales, (2 mantenimiento y/o reproducción de la estructura comunal basada en la equidad entre los miembros de la comunidad y el consenso a través de la asamblea comunitaria, 3) alta eficiencia tecnológica y administrativa, 4) control colectivo de los procesos económicos e intercambios basados en un cierto "equilibrio productivo" y 5) uso conservacionista de los recursos naturales.

Los pueblos indígenas no consideran a la tierra como un mero recurso económico. Bajo las cosmovisiones indígenas, la naturaleza es la fuente primaria de la vida que nutre, apoya y enseña. La naturaleza es, por lo tanto, no sólo una fuente productiva sino el centro del universo, el origen de la cultura y de la identidad étnica. En el corazón de este estrecho lazo está la percepción de que todas las cosas vivientes y no vivientes y los mundos naturales y sociales están intrínsecamente ligados (principio de reciprocidad). Por ello, la defensa de la (su) naturaleza es también la defensa de su (la) cultura.

Lo mismo puede decirse otra expresión de la cultura indígena, la organización social. La mayoría de estos movimientos, como señala Nigh (*op. cit.*), utiliza la organización colectiva basada en los conceptos tradicionales de reciprocidad, propiedad comunal y trabajo voluntario, para crear organizaciones empresariales que son capaces de proveer productos de alta calidad a precios competitivos en el mercado. De esta manera, muchos movimientos están creando formas innovadoras de la organización del trabajo, mediante las cuales se establece un proceso de "acumulación comunal" del capital inspirado en los valores tradicionales del igualitarismo y la democracia comunitaria (véanse figuras 3.5 y 3.6).

Otro aspecto a considerar es el equilibrio productivo. En la tensión que se establece entre los valores de uso y los valores de cambio; esto es, entre una racionalidad productiva dirigida exclusivamente a la subsistencia y otra que vuelca todo lo que se produce al mercado, estas experiencias tratan de encontrar un equilibrio. Este equilibrio se apoya en mecanismos que mantienen el valor de cambio supeditado a los intereses y a las necesidades de la comunidad. Por lo tanto, el equilibrio productivo busca garantizar la reproducción de las comunidades mediante una fórmula en donde la naturaleza (los intercambios ecológicos que garantizan la autosuficiencia) opera como una aliada que permite aventurarse en las turbulentas aguas del mercado.

Otro carácter distintivo es la escala. A contracorriente de lo que las políticas neoliberales buscan con desesperación (y que estuvieron en el fondo de las contrareformas a la ley agraria promovidas por el gobierno de Salinas de Gortari), la construcción de proyectos productivos (agrícolas, ganaderos, y forestales) de gran escala, estas experiencias se basan en el trabajo de escala familiar, multifamiliar o comunitaria. Ello supone una mayor eficiencia ecológica y económica porque se busca el uso óptimo de los dos elementos de los que se dispone en abundancia: recursos naturales y trabajo. En franca contradicción con las tesis que se manejan desde la modernización agroindustrial; que pregonan una supuesta supremacía tecno-económica de la gran propiedad frente a las pequeñas explotaciones campesinas, numerosos análisis recientes están mostrando la superioridad ecológica y económica de la producción a pequeña escala[51], revelando de paso la falacia de los impulsores de las grandes explotaciones.

Finalmente, el mantenimiento de una estrategia de uso múltiple representa otro mecanismo interesante de estas inciativas. El uso múltiple de los recursos es un principio inherente a la racionalidad ecológica campesina[52], que permite y promueve la heterogeneidad paisajística y la diversidad genética y biológica, así como un equilibrio de los flujos de materias y de energía a través de los ecosistemas. El uso múltiple se basa en una distribución relativamente equitativa del territorio comunal en áreas dedicadas a la agricultura, la ganadería y la explotación forestal. Este principio de equilibrio del paisaje se encuentra en total oposición con los intentos por convertir los recursos naturales de la comunidad en "pisos de fábrica" para la producción especializada que induce la modernización agroindustrial.

En busca de una modernidad alternativa

Emiliano Zapata (1879-1919), hijo de campesinos indios, no sólo fue uno de los líderes indiscutibles de la Revolución Mexicana: con el paso del tiempo se convirtió además en el símbolo permanente de la lucha indígena en México por tierra y justicia. La lucha de Zapata por una ley que reconociera el sistema tradicional indígena de tenencia comunal de la tierra y su insistencia en la redistribución de la misma, se convirtió en el objetivo primordial de la Revolución. Hoy, el legado de Zapata se encuentra certificado por los tres millones de unidades

---

[51] Toledo, 1992b; Netting, 1993; Rosset, 1999.
[52] Toledo, 1990.

productivas campesinas (ejidos y comunidades), que son dueñas de la mitad del territorio del país, y por las demandas de más de dos millones de familias sin tierra.

La tierra, sin embargo, nunca ha sido una condición suficiente, sino un requisito necesario de la emancipación campesina. Como se ha demostrado teórica y prácticamente, la distribución de la tierra no ha resuelto las precarias condiciones de los campesinos del Tercer Mundo, quienes continúan jugando el papel casi eterno de sector explotado por el resto de la sociedad[53]. La demoledora crítica que la economía política primero y la ecología política después han realizado contra la modernización agroindustrial de las áreas rurales, ha develado una amplia gama de mecanismos que llevan inevitablemente a la doble destrucción de las comunidades campesinas y de los recursos naturales (suelos, agua, diversidad biológica y genética, ciclos y equilibrios ecológicos). Lo anterior es el resultado de varios mecanismos que tienden a perpetuar y aun a acentuar el intercambio desigual entre las familias y comunidades campesinas y los sectores urbanos e industriales: paquetes tecnológicos ecológicamente destructivos (agroquímicos, semillas genéticamente modificadas, máquinas), estrategias de producción especializadas y de gran escala, precios bajos a los productos agrarios y a las materias primas, insumos cada vez más costosos (herramientas, máquinas, créditos). En suma, todo aquello que la sociedad dominante ofrece (e impone) envuelto en papel celofán y con una etiqueta que dice "modernización".

Por todo lo anterior, las experiencias descritas en este ensayo no sólo afirman el legado de Zapata, también lo renuevan y, sobretodo, lo insertan por completo en la búsqueda de una nueva modernidad, la cual no puede ser sino ecológica; es decir, resolutoria de esa contradicción que ha engendrado la civilización industrial entre la naturaleza y la sociedad. Una contradicción que en el caso de los actores rurales los condena a modernizarse a costa de sacrificar tanto su propia cultura e idiosincracia como los recursos naturales, locales y regionales. Su zapatismo es, por otra parte,

---

[53] Powelson & Stock, 1987.

irrefutable porque no es manifiesto, pues obedece al reino instintivo de la supervivencia del mundo campesino y al indisoluble vínculo, tan remoto como contemporáneo, de lo humano con lo natural que es quizás el principal legado de la civilización mesoamericana.

Para la discusión política que la rebelión indígena de Chiapas ha desencadenado tanto a escala nacional como internacional, el recuento de este *otro* zapatismo no puede ser más oportuno. Estas experiencias están logrando a través de la producción, el comercio, la organización social y un uso inteligente de los recursos naturales lo que los rebeldes de Chiapas visualizan como objetivos supremos de su lucha: autonomías locales y regionales, incremento de la calidad de vida, afirmación de la cultura, autogestión. Incluso para quienes se atreven a suponer que estas iniciativas son políticamente ingenuas, ahí están rigurosamente presentes las evidencias que certifican un conjunto de éxitos (productivos, tecnológicos, comerciales, de organización), que en esencia son logros políticos. Y es que en el fondo se trata de pequeñas, pero importantísmas batallas ganadas por lo local a lo global, por lo colectivo a lo individual, por lo histórico a lo "instantáneo", en fin, por lo "tradicional" a lo "moderno", batallas que nos anuncian los perfiles de lo que puede ser una verdadera modernidad alternativa.

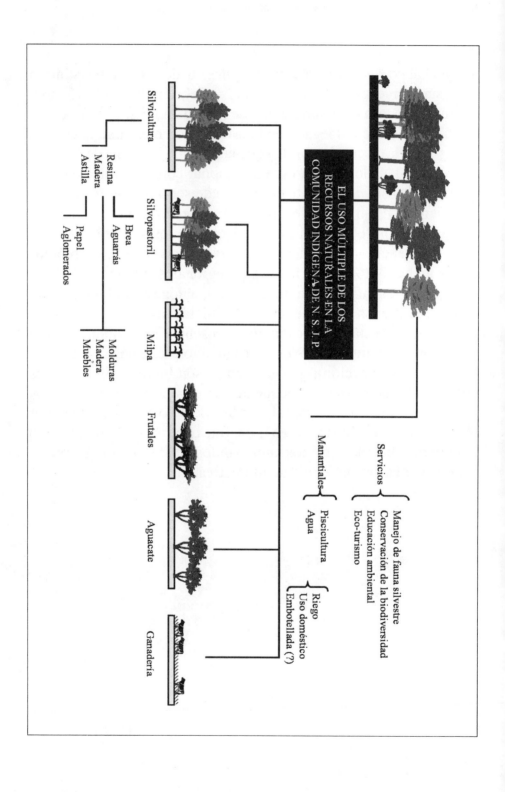

EL USO MÚLTIPLE DE LOS
RECURSOS NATURALES EN LA
COMUNIDAD INDÍGENA DE N. S. J. P.

Silvicultura

Resina
Madera
Astilla

Brea
Aguarrás

Papel
Aglomerados

Silvopastoril

Milpa

Molduras
Madera
Muebles

Frutales

Aguacate

Ganadería

Manantiales

Agua

Piscicultura

Riego
Uso doméstico
Embotellada (?)

Servicios

Manejo de fauna silvestre
Conservación de la biodiversidad
Educación ambiental
Eco-turismo

Figura 3.5 En la Comunidad Indígena de Nuevo San Juan Parangaricutiro en Michoacán, la cual ha sido reconocida a nivel nacional e internacional como una comunidad modelo, la estrategia diversificada permite el aprovechamiento integral de todos sus recursos naturales, teniendo como eje la utilización de los bosques. Este aprovechamiento se realiza bajo un esquema original, donde la alta eficiencia técnica y empresarial se combinan con el uso comunitario y equitativo de los recursos y la organización tradicional, basada en la asamblea de comuneros y el consejo de ancianos. La comunidad, integrada por 1,200 comuneros, posee un territorio de 18 mil hectáreas de las cuales 10,600 tienen cobertura forestal. En la actualidad, tras más de una década de continuos éxitos económicos y ecológicos, la comunidad posee una empresa forestal que da empleo a mil personas, genera un superávit anual que por lo común se reinverte, produce astilla, madera, molduras, ochocientos diez muebles mensuales (que son vendidos a las grandes tiendas de las ciudad de México), cabañas prefabricadas, brea y aguarrás. Mediante el tendido de treinta kilómetros de tubería, se aprovechan los cuarenta manantiales para riego y acuacultura. Además, produce aguacate, durazno, maíz, y algo de ganado, ha iniciado un programa de manejo de venado cola blanca y dispone de un centro de visitantes, con un museo de sitio donde se realizan programas de eco-turismo y educación ambiental. Experiencias similares existen en la Sierra de Juárez en Oaxaca (comunidades de Capulalpan e Ixtlán) y entre los numerosos ejidos forestales mayas de Quintana Roo.

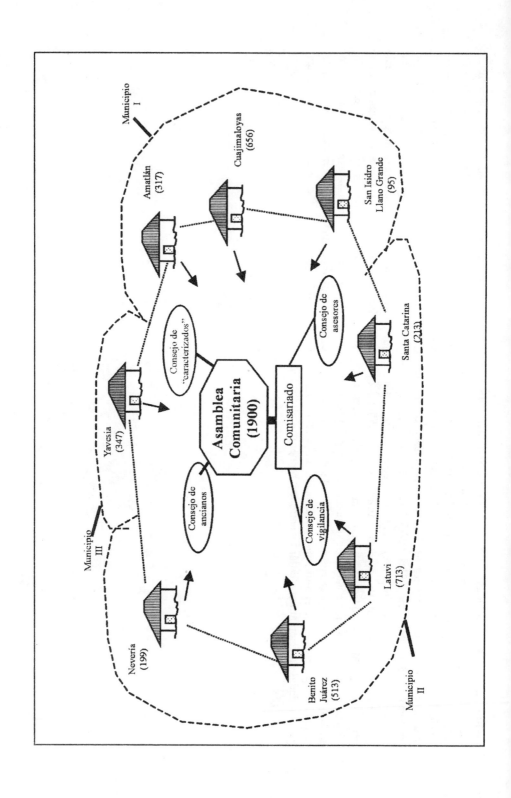

Municipio I

Amatlán (317)

Cuajimaloyas (656)

San Isidro Llano Grande (95)

Consejo de "caracterizados"

Consejo de asesores

Santa Catarina (213)

Yavesia (347)

Asamblea Comunitaria (1900)

Comisariado

Municipio III

Consejo de ancianos

Consejo de vigilancia

Neveria (199)

Latuvi (713)

Benito Juárez (513)

Municipio II

Figura 3.6 El acceso colectivo y el manejo comunal de los recursos naturales ha sido un tema profundamente debatido en la antropología económica y en la ecología política contemporáneas. En México, la vigencia o anacronismo de las estructuras comunitarias ha sido debatido más desde posiciones ideológicas y dejando fuera la dimensión productiva y ecológica. La viabilidad de las estructuras políticas que gobiernan las comunidades rurales en México y su adecuación a las condiciones actuales de integración económica y globalización, pueden ser ilustrados por el caso de los "Pueblos Mancomunados" de Oaxaca, un consorcio de ocho comunidades zapotecas de la Sierra Norte de Oaxaca. "Pueblos Mancomunados" (población= 3,275 en 1995) mantiene un territorio de cerca de 30 mil hectáreas dos tercios de las cuales son bosques templados. Según el acuerdo comunal firmado el 6 de octubre de 1995, esta organización está llevando a cabo un programa de desarrollo sustentable que incluye un manejo conservacionista de los bosques, suelos y agua, agricultura orgánica, minería, eco-turismo, así como incremento de las condiciones sociales a través de la educación, la salud, las actividades domésticas y la infraestructura sanitaria. Para realizar lo anterior, y no obstante su completa articulación a los mercados nacionales e incluso internacionales, sus decisiones y actividades permanecen reguladas por las instituciones tradicionales. La asamblea de la comunidad, formada por mil novecientos comuneros (o jefes de familia) opera como la máxima autoridad, auxiliada por dos instancias: el consejo (A) de ancianos (alrededor de treinta) y el consejo (B) de "caracterizados" o gente sabia (alrededor de sesenta). Cada comunero tiene los mismos derechos de participación y voto. La asamblea de la comunidad, a su vez, elige miembros para servir en el comisariado, que es la mayor autoridad ejecutiva y administrativa, así como para los dos consejos adscritos a aquel: el consejo (C) de vigilancia y el consejo (D) de asesores. Las autoridades municipales requeridas por la legislación nacional, son también elegidas por consenso entre los comuneros a través de la asamblea. Todos estos puestos son obligatorios y sin remuneración económica. La elección para cada cargo es por voto en la asamblea de la comunidad y para llegar a una posición de alto nivel, la persona tiene que ir ascendiendo lentamente dentro de un proceso que por lo común lleva entre diez y veinte años.

IV

Las Cañadas: Radiografía ecológica y social de una región en conflicto

Las cañadas: Radiografía ecológica y social de una región en conflicto

La Selva Lacandona: metamorfosis de un paraíso tropical

Reconocida como uno de los últimos reductos del territorio mexicano no integrado más que muy recientemente al devenir del país, la llamada Selva Lacandona, ubicada en la frontera con Guatemala, conforma una región con una pródiga historia, donde la última página de su ya larga leyenda acaba de ser escrita por la rebelión indígena de 1994. Esta impresión proviene de la escrupulosa documentación recabada por el historiador Jan de Vos[54], que es sin duda su principal cronista, así como de los trabajos realizados por numerosos estudiosos de las ciencias naturales y sociales[55].

No obstante la evocadora presencia de importantes centros cívico-ceremoniales en el área (Bonampak, Yaxchilán, Palenque, Toniná), que dan fe del esplendor civilizatorio maya y de la existencia una amplia población pre-hispánica en la región, al momento de la llegada de los españoles la Selva Lacandona se encontraba poblada por unos cuantos miles de habitantes pertenecientes a algunos grupos tribales. Jan de Vos[56], afirma: "...*Fuera de las cuatro tribus mencionadas -lacandones, pochutlas, topiltepeques y acalaes- la Selva Lacandona no parece haber alojado otras comunidades de mayor importancia, por lo menos no en su parte meridional y central. En el norte y en las orillas occidentales, sin embargo, hay que postular la presencia de varias tribus de habla chol y tzeltal, menos belicosas quizá que sus vecinos del centro pero partícipes de la misma cultura selvática maya*".

---

[54] Jan de Vos, 1988a, 1988b, 1988c.

[55] Véase March y Vázquez-Sánchez, 1992.

[56] Jan de Vos 1988a.

Tras la invasión europea, estas poblaciones fueron diezmadas, sometidas o destruidas, con excepción de los lacandones cuya fortaleza étnica los hizo resistir más de siglo y medio al embate colonialista. Hacia principios del siglo XVIII, con la virtual desaparición de los lacandones, la región hubiese quedado sin población autóctona a no ser porque grupos provenientes de la Península de Yucatán, que huían del proceso de colonización, se internaron en la selva dando lugar al grupo de caribes, que equivocadamente se conocen hoy como los lacandones y que, a diferencia de los auténticos, son de habla maya-yucateca. Los caribes o lacandones fueron, los únicos habitantes de la región durante más de un siglo, la cual permane-ció prácticamente vacía y sin ningún contacto con el resto de la república. Por ello fue conocida durante muchas décadas con el nom-bre de «el desierto de la soledad».

La articulación contemporánea de la Selva Lacandona con el país comenzó apenas el 21 de enero de 1822, fecha en la cual Cayetano R. Robles y Antonio Vives solicitaron de las autoridades el permiso correspondiente para cortar y extraer maderas de aquella región. Tras seis décadas, hacia 1880, el negocio de la madera de especies preciosas -caoba y cedro- se volvió una práctica común y, para finales del siglo XIX, tres poderosas compañías extraerían ya estos productos a través del sistema fluvial del Usumacinta, los recibían en las costas de Tabasco, y los ponían, a precios de oro, en los mercados de Londres, Liverpool y Nueva York.

De esta forma, la Selva Lacandona quedó integrada a la civilización occidental; es decir, a la red mercantil mundial. Además de la obtención de maderas preciosas, que se extendió hasta hace apenas un par de décadas, las selvas de la Lacandona fueron la fuente de otra práctica extractiva moderna. En efecto, tras el milagroso descubrimiento que en la boca del exilado y tristemente célebre general mexicano Antonio López de Santana hiciera James Adams la tarde de un domingo en Nueva York, una nueva industria de origen tropical vio la luz a partir de una práctica indígena: la del chicle. En unas cuantas décadas miles de industriosos ciudadanos se vieron produciendo salvia a partir del látex extraído de un árbol tropical mexicano (el chicozapote), de tal suerte que hacia la década de los cuarenta el país exportaba más de 5 mil toneladas de este producto, un parte sustancial de las cuales provenía de la Selva Lacandona.

En cierta forma, el que fuera posible extraer productos de La Lacandona hasta las costas del Golfo de México y mediante el traslado por los ríos del sistema Usumacinta, constituyó un evento venturoso porque retrasó el proceso destructivo (ecológico y cultural) de gran envergadura que acarrea la integración de un espacio tropical a la economía del mundo moderno. En efecto, salvo el establecimiento de unas plantaciones de hule realizadas sobre un área de 9 mil hectáreas que hiciera una compañía norteamericana en 1904, la Selva Lacandona se mantuvo integrada a la modernidad por la sola extracción de dos maderas preciosas y del chicle, un fenómeno que no implicó más que una mínima alteración del ecosistema. Fue hasta la década de los cincuenta cuando comenzó de hecho la colonización moderna de la región, principalmente llevada a cabo por grupos indígenas expulsados, antiguos peones de las fincas maiceras, cafetaleras y ganaderas. El cuadro se completó con la llegada de exploradores petroleros, campesinos mestizos de nueve estados de la república y refugiados que huían de Guatemala.

Hacia 1976, los nuevos colonizadores alcanzaban los 70 mil habitantes, dos terceras partes de los cuales habitaban en localidades de menos de quinientas personas, y el 90 por ciento de los cuales eran de origen indígena (tzeltales, tojolabales, choles y tzotziles). Convertidos en agentes de un «éxodo tropical» en tanto habían abandonado sus comunidades originales (que son las células socio-productivas por medio de los cuales los individuos encuentran su identidad cultural y establecen sus vínculos con la naturaleza), la presencia de estos núcleos indígenas expulsados y desmembrados vino a cambiar de golpe el rostro original de esta región selvática. Para finales de los ochenta, por lo menos un tercio de las 1.8 millones de hectáreas que conforman el territorio conocido como la Selva Lacandona habían sido ya deforestado por unos setecientos asentamientos humanos, con el objeto de fincar viviendas y realizar prácticas de subsistencia. La mayor parte de esta transformación, como veremos, había ocurrido en la llamada (sub) Región de Las Cañadas, lugar de origen del levantamiento indígena neo-zapatista.

La Selva Lacandona: escaparate de la conservación

La Selva Lacandona no sólo constituye un área geopolíticamente estratégica por su posición en la frontera sur del país, también es parte sustancial de la memoria histórica de la más notable civilización tropical de América (la Maya), ámbito de recursos petrolíferos, hidroeléctricos y escénicos y, sobretodo, una vasta reserva forestal contendora de un tesoro ecológico, biológico y genético de incalculable valor. Por ello, ya desde la década de los sesenta, varios destacados biólogos mexicanos habían llamado la atención, sin conocerla a fondo, sobre la enorme riqueza contenida en esta remota región del sureste de México.

Este interés se fue acrecentando conforme se fueron haciendo más completos y detallados los inventarios de su flora y de su fauna y, en tanto, se acumulaban evidencias que sugerían que esta región había actuado como un posible refugio para las especies durante los períodos más fríos y secos del pleistoceno[57].

Por otra parte, los procesos acelerados en cuanto a deforestación que ocurrieron entre 1970 y 1990 en otras regiones similares del país (notablemente la región del Soconusco y buena parte de la planicie costera del Golfo de México) acrecentaron la importancia de las masas de bosques y selvas relativamente intocadas de la Lacandonia, impulsando a amplios grupos conservacionistas y científicos a convertirla en una reserva. Finalmente, mediante decreto presidencial del 12 de Enero de 1978, fue establecida en el centro mismo de la Selva Lacandona, la *Reserva Integral de La Biosfera «Montes Azules»* (RIBMA). Hacia 1989, dos botánicos mexicanos publiarón un trabajo en el que reportaban la existencia en la Selva Lacandona de una planta única en el mundo (la *Lacandonia schismatica*), cosa que sacudió los círculos académicos nacionales e internacionales y terminó por confirmar la importancia biológica de esta región[58].

---

[57] Toledo, 1982.
[58] Martínez y Ramos, 1989.

La aparición de esta enorme área natural protegida de 331,200 hectáreas modificó de golpe toda la dinámica agraria, económica y social la región. A partir de esa fecha, no solamente la Selva Lacandona quedó de alguna forma integrada a la esfera nacional e internacional por la vía del conservacionismo, también la RIBMA se convirtió en el nuevo corazón de este invernadero gigantesco al situarse en el centro mismo de la dinámica regional y al separar territorios sociales que en el pasado constituían un todo continuo. De esta forma, una nueva relación espacial fue gestada en donde una Naturaleza intocada e intocable, representada por la RIBMA se ubicó como el nuevo eje del territorio, con cuatro principales sub-regiones girando alrededor de ella, cada una proveniente de una historia diferente y con rasgos sociales, demográficos y agrarios distintivos: Marqués de Comillas, Comunidad Lacandona, Zona Norte y Las Cañadas (de Las Margaritas y de Ocosingo-Altamirano) (véase figura 4.1).

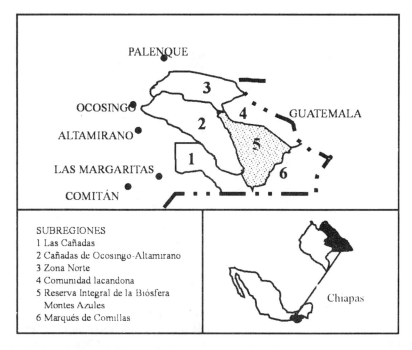

Figura 4.1 La Selva Lacandona y sus (sub) regiones.

Catorce años después, en 1992, nuevos decretos impulsados desde la capital del país, incrementaron en 120 mil hectáreas el área protegida de La Lacandonia al quedar establecidas cinco nuevas reservas (anexo 5 y figura 4.2). De esta forma, casi medio millón de hectáreas quedó, en teoría, sustraído de toda acción humana. La Selva Lacandona había quedado convertida en un escaparate de la conservación, en un refugio de especies amenazadas por el avance del «progreso» agropecuario y urbano-industrial. Dos años después, se vino a confirmar que, paradójicamente, estos enormes territorios no sólo refugiaban especies biológicas, también habían servido como áreas de protección a «especies sociales» igualmente amenazadas por la civilización industrial. La naturaleza y sus conservadores se convirtieron, sin saberlo, en protectores e impulsores de nuevos soñadores sociales, de indígenas convertidos en guerrilleros portadores de nuevas protestas y nuevas utopías.

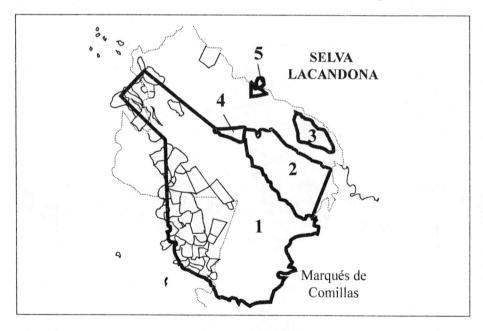

Figura 4.2 Distribución geográfica de las porciones de la Selva Lacandona decretadas como áreas naturales protegidas. 1: Reserva de Biosfera Montes Azules. 2: Reserva de la Biosfera Lacantún. 3: Refugio de flora y fauna Chan-Kin. 4:Monumento natural Bonampak 5: Monumento natural Yaxchilán.

La región de Las Cañadas: un caleidoscopio de diversidad

Con sus más de 600 mil hectáreas, la llamada (sub) Región de Las Cañadas, no sólo es el territorio más extenso de los cuatro que rodean a la RIBMA, es el área biológica y ecológicamente más compleja de la Selva Lacandona y, como veremos en el apartado siguiente, la porción socialmente más organizada de ese rincón del sureste de México.

Acaso ninguna definición revela con mayor exactitud el carácter de su territorio, que aquélla que utilizó Hernán Cortés para describir la totalidad del territorio mexicano: «un papel arrugado». En efecto, Las Cañadas se distingue por su accidentado relieve, principalmente en el centro y noroeste de esta zona, en donde dominan las laderas de las tierras altas, formadas por mesetas y, en menor medida, por numerosas sierras plegadas. Por ello, entre sierra y sierra o entre meseta y sierra, se presentan valles de gran profundidad, cuyas laderas alcanzan varios cientos de metros. De aquí la región deriva su nombre.

Esta configuración crea un intrincado mosaico topográfico, que a su vez provoca toda una gama de situaciones climáticas, edáficas y de vegetación. De este modo, las tierras de esta región se ubican desde unos doscientos metros sobre el nivel del mar en el fondo de los valles, hasta los 2,400 metros sobre el nivel del mar en sus crestas más elevadas.

Por el tipo de relieve, así como por sus características litológicas y morfogenéticas, su enorme variedad de asociaciones vegetales y sus condiciones mesoclimáticas, en Las Cañadas se desarrolló un complejo mosaico de suelos. Por ello, existe una especie de crisol con nueve principales tipos de suelos y sus variantes, que incluyen gleysoles, vertisoles, regosoles, acrisoles, luvisoles rendzinas, feozems, cambisoles y litosoles. Por otro lado, desde el punto de vista geomorfológico, Las Cañadas forman una amplia región cárstica tropical de gran actividad y cuyo principal rasgo es la gran permeabilidad hídrica del sustrato. Como consecuencia y en virtud de las altas precipitaciones pluviales, existe una extensa circulación de aguas subterráneas.

Sobreponiéndose como un tapiz esta variedad del relieve y del sustrato: La cobertura vegetal de la región muestra igualmente una gran heterogeneidad: once tipos principales de vegetación y sus respectivas variantes (Figura 4.3). El resultado es una tal diversidad de paisajes, rasgo principal de esta compleja región tropical de México, que la convierte en una de las porciones ecológicamente más complejas del país, con zonas tropicales y templadas, húmedas y subhúmedas, que coexisten en un área relativamente pequeña.

Termina por completar la marcada heterogeneidad de la región la presencia de varias lagunas y la intrincada red fluvial de ríos y centenas de arroyos, entre los que destacan por su volumen los ríos Perlas, Jataté, Colorado y Santo Domingo, los cuales recorren la región en dirección noroeste-sureste para terminar alimentando la majestuosidad del río Usumacinta.

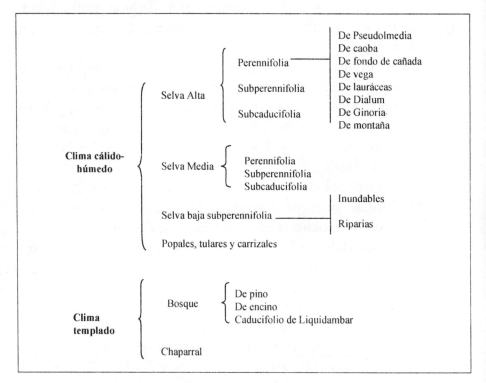

Figura 4.3. Los principales tipos de vegetación de la región de Las Cañadas y sus asociaciones. Fuente: Martínez, et al., 1999.

La última expresión de esta heterogeneidad del espacio es, por supuesto, la diversidad biológica. Se estima que Las Cañadas podrían contener unas tres mil especies de plantas vasculares. Esta cifra representaría el 70 por ciento del total estimado para toda la Selva Lacandona (unas cuatro mil trescientas especies), el 25 por ciento de todo el estado de Chiapas y el 10 por ciento de toda la flora de México[59]. Esta riqueza florística es el resultado de la acumulación de especies encontradas en los principales tipos de vegetación, y especialmente en las selvas altas perennifolias y en los bosques templados, cada uno de los cuales se estima que contiene cerca de mil quinientas especies. Por lo anterior, puede afirmarse que desde el punto de vista biológico, la porción de Las Cañadas, es la subregión más importante de la Selva Lacandona. Si esto se hubiera sabido hace dos décadas, la principal porción conservada serían Las Cañadas y no el área demarcada en lo que hoy es la RIBMA. Por supuesto, esta proyección se hace sin considerar la presencia de núcleos humanos; es decir, suponiendo un inexistente vacío social.

Las Cañadas: nuevo refugio para antiguos explotados

Como ha sido mostrado reiteradamente, pocas entidades han mantenido una polarización social y agraria tan marcada como Chiapas. Hacia 1960, la última ocasión en la que los Censos Nacionales Agropecuarios y Ejidales nos permitieron ver con toda su crudeza la situación agraria del país, el panorama que mostraba el campo chiapaneco era el siguiente: mientras que los predios de más de mil hectáreas, que representan solamente el 2.4 por ciento del total, se extendían por el 52 por ciento del total del territorio, los predios con cinco hectáreas o menos, que conforman el 35 por ciento del total de unidades productivas, contaban únicamente con el 0.6 por ciento de la superficie. Tan sólo cuarenta y cuatro predios con más de cinco mil hectáreas concentraban en 1960 más de un millón de hectáreas, con una superficie promedio de 22,900.

---

[59] Martínez <u>et al</u> 1994.

Estas formas latifundarias, que hoy en día han sido de nuevo legalizadas (es decir bendecidas) por la ley agraria de 1992, contribuyeron a exacerbar los conflictos agrarios e incrementaron el ejército de campesinos sin tierra. A esta situación se agregó el vertiginoso proceso de ganaderización del territorio chiapaneco, que provocó que entre 1950 y 1976 la población ganadera pasara de menos de medio millón de cabezas a casi tres millones, lo que situó a Chiapas como el segundo productor de carne de res del país[60]. Ello indujo la transformación total o parcial de enormes fincas agrícolas (maiceras, cañeras o algodoneras) en unidades dedicadas a la ganadería y, como consecuencia, no sólo la deforestación de enormes áreas boscosas, sino la expulsión de trabajadores agrícolas, pues es bien sabido que la producción de bovinos bajo la modalidad extensiva (con enormes praderas de pastos inducidos y una muy baja carga animal) requiere de un mínimo de atención humana.

Ante esta situación, para los miles de jornaleros agrícolas y de campesinos sin tierra el vacío territorial representado por la Selva Lacandona constituyó una tabla de salvación para sus precarias condiciones. Entre la lucha agraria por la afectación de las fincas y el reto de la colonización de un territorio desconocido, aun con toda su carga de incertidumbre y riesgo, muchos se decidieron por lo segundo[61]. Desde finales de la década de los treinta, pero especialmente a partir de los cincuenta, un éxodo cada vez mayor de peones de fincas ganaderas, cafetaleras, maiceras y cañeras situadas en los límites de La Lacandonia y de habitantes sin tierra del norte del estado y de la región de Los Altos, llegó al complejo territorio de Las Cañadas: "...*La inmigración y poblamiento de Las Cañadas, obedeció por una parte a los fuertes fenómenos de expulsión de población de las regiones vecinas con alta densidad demográfica, escasez de tierras cultivables, falta de alternativas de empleo, existencia de importantes masas de campesinos sin tierras y con miserables condiciones de vida y de tra-*

---

[60] Fernandez-Ortiz y Tarrio-Garcia, 1983.

[61] Véase Leyva y Ascencio-Franco, 1996.

bajo como peones acasillados, los cuales eran expulsados de las fincas y ranchos por el proceso de ganaderización. Por otra parte, la región ejerce una fuerte atracción brindando expectativas de mejoramiento del nivel de vida y de posesión legal de tierras para asegurar el sustento familiar. En general, estos fenómenos se vieron ocasionalmente favorecidos por el proceso de dotación de tierras impulsado por el Estado" [62].

Para finales de los ochenta, no sólo Las Cañadas, sino toda la región Lacandona era ya un territorio conquistado por cerca de doscientos mil habitantes (agrupados en setecientos seis asentamientos), la mayoría de ellos antiguos pobladores sin tierra o jornaleros agrícolas (anexo 6). De esta forma, la Selva Lacandona pasó a ser no únicamente un área de protección de especies biológicas, sino un territorio para la supervivencia de seres sociales. Con ello se hizo evidente el aparente conflicto entre la conservación biológica y el usufructo humano que, como ocurre en buena parte del país y del mundo, no tiene solución bajo los actuales patrones que impone el modelo societario industrial. Esta contradicción, que en la región lacandona se expresa como una permanente tensión de dos visiones antagónicas del desarrollo regional (la de las comunidades de colonizadores y la de los conservacionistas postmodernos apoyados por el Estado), se hace patente en la irremediable sobreposición de asentamientos humanos en áreas decretadas como reservas (figura 4.4). Sólo una nueva perspectiva que, como veremos, debe basarse en una alianza estratégica entre la Naturaleza (la biodiversidad como potenciadora de un desarrollo alternativo) y las comunidades rurales hará posible deshacer este nudo.

En Las Cañadas, la colonización no solo ocurrió como la ocupación y dominio de un cierto territorio, también fue un proceso de organización social en las comunidades y en los conjuntos de ellas. Este fenómeno fue catalizado por un profundo y meticuloso trabajo de base que realizaron asesores, catequistas y activistas políticos quienes, después de varios años, se convirtieron en «habitantes nor-

---

[62] Márquez, 1996

males» de la región. Por lo anterior, antes de ser el escenario central del actual conflicto, la Región de Las Cañadas fue el teatro donde las comunidades escenificaron a través de sus organizaciones sociales, una dramática batalla por el desarrollo social y la producción. Esta batalla resulta extraordinaria si se piensa que tuvo lugar en una región geográficamente aislada del resto del país y muy poco comunicada en su interior: hacia 1992 sólo existían cuatro caminos de terracerías, treinta y siete pistas de aterrizaje y un sinfín de veredas (figura 4.5).

Debemos a varios autores, entre los que destacan N. Harvey, X. Leyva y G. Ascencio-Franco, el conjunto de investigaciones sobre el origen, la evolución y el estado presente de la lucha social en la Región de Las Cañadas. De estos estudios se extrae una panorámica regional muy diferente de la que han venido manejando la mayoría de los comentaristas y supuestos analistas del actual conflicto chiapaneco, más basados en lecturas generales y distantes o en impresiones sesgadas o deformadas.

Casi todos los conocedores del tema coinciden en señalar al Congreso Indígena realizado en San Cristobal en 1974 como el evento que indujo la organización campesina no sólo en la región sino en todo el estado de Chiapas[63]. Hacia 1976 se crearon tres uniones de ejidos en la región, los que en 1980 dieron lugar a una primera organización regional: la Unión de Uniones Ejidales. «Hacia fines de 1980, la Unión de Uniones representaba el movimiento campesino más importante de la entidad»[64], de tal suerte que un año después este organismo había establecido vínculos con organizaciones campesinas similares y sindicatos diversos no sólo de Chiapas sino de otros sitios, incluyendo la ciudad de México. Las principales batallas fueron por el reconocimiento legal de muchos asentamientos campesinos. Esta lucha fue ganada cuando en 1988 se hizo entrega de los títulos de propiedad a los veintiséis poblados en litigio.

La segunda batalla fue por el «control del proceso productivo», para la cual fue creada una unión de crédito. A fines de 1983, la organización regional consiguió un permiso de la Secretaría de Co-

---

[63] García de León, 1996.

[64] Harvey, 1995.

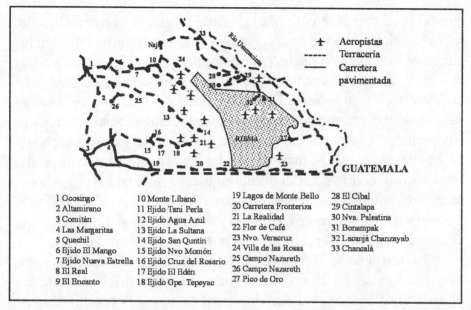

Figura 4.4 Principales asentamientos, aeropistas, y caminos de terracería y pavimentadas de la región de Las Cañadas, hacia principios de los noventa. Fuente: Toledo & Carrillo, 1992.

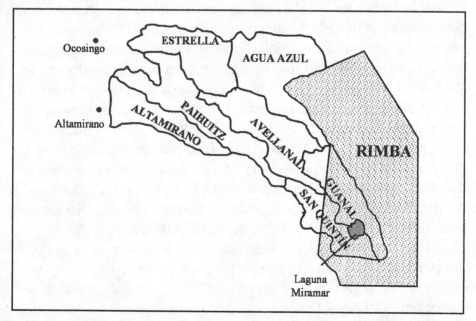

Figura 4.5 Distribución geográfica de las siete microrregiones de las Cañadas. RIBMA: Reserva Integral de la Biosfera de Montes Azules.

mercio para exportar café, su principal producto comercializable, hacia Estados Unidos y Suiza. Nuevas batallas tuvieron también lugar. Ante la acusación hecha por ecologistas de la capital del país en el sentido de que las comunidades eran las principales causantes de la deforestación de la Selva Lavandona, en 1987 la Unión de Uniones suscribió un convenio con los gobiernos federal y estatal en el que se comprometió a salvaguardar la riqueza biológica del país representada en Montes Azules. De manera similar, la organización campesina implementó, con ayuda del gobierno estatal, un exitoso proyecto de maestros comunitarios, suscribió convenios de apoyo técnico con la Universidad Autónoma de Chapingo y estableció un sistema eficiente de comunicación intercomunitaria por medio de la radio.

No obstante todo lo anterior, la precaria situación de los habitantes indígenas de la región se hizo aun más difícil durante los últimos años como resultado de varios factores: la fuerte caída de los precios del café, la dificultad para comercializar otros productos (por razones de mercado y de vías de comunicación), la veda forestal autoimpuesta en solidaridad conservacionista con la nación y, por supuesto, la llegada de nuevos miembros a las familias campesinas (como veremos Las Cañadas presenta un muy alto crecimiento demográfico). Ello hizo que la organización regional enfocara todas sus baterías hacia un solo objetivo: lograr del gobierno (estatal y federal) un proyecto de desarrollo social con carácter emergente. Como primer medida, la agrupación levantó en 1990 lo que es quizás el primer censo indígena del país. Esto fue posible a través de la movilización de los representantes de las ciento diecisiete comunidades y veintisiete rancherías afiliadas a la ARIC Unión de Uniones. A esta acción siguieron innumerables gestiones con organismos del gobierno estatal y federal (PEMEX, SEDESOL, INI).

Hacia agosto de 1992 fue realizado un primer taller general dirigido hacia la aprobación de un programa para el desarrollo y la conservación regional, y en mayo de 1993 tuvo lugar el encuentro campesino «20 Años Después» que reunió a seiscientos delegados de toda la región con el mismo fin. El último suceso relevante fue el foro realizado en San Cristóbal en septiembre de 1993, en el que, en conjunción con varias instituciones gubernamentales y académicas, ciento treinta representantes de comunidades indígenas de Las Cañadas hicieron, entre otras, las siguientes declaraciones:

"Es necesario reconocer la importancia de los conocimientos que históricamente acumuló la cultura maya para vivir en la selva utilizando adecuadamente los recursos naturales por períodos de varios miles de años. Los actuales pobladores de Las Cañadas, descendientes de esta gran cultura, deben rescatar la rica experiencia de desarrollo sostenido de sus ancestros y la de otras culturas milenarias de las zonas tropicales húmedas del mundo. Este reconocimiento será una prueba de tolerancia a la diversidad y un enriquecimiento de la cultura nacional."

"Se considera que un aspecto sustancial para lograr el desarrollo social y la conservación de los recursos naturales en Las Cañadas de la Selva Lacandona, es el establecimiento de un programa de desarrollo sostenido *con una perspectiva a varios años y con metas a corto, mediano y largo plazo...."*

Las Cañadas en 1992: radiografía de una región

Por su localización geográfica y la historia de su colonización, el extenso territorio de Las Cañadas puede ser dividido a su vez en dos fracciones de extensión casi igual: las llamadas Cañadas de Ocosingo-Altamirano y las de Las Margaritas. Mientras que en las primeras se concentran las dos terceras partes de la población colonizadora y hay una clara predominancia de habitantes indígenas tzeltales (con una reducida población de otras etnias), las segundas conforman un territorio menos ocupado donde dominan los tojolabales. Dado lo anterior, y en virtud de que existe muy poca información sobre la parte de Las Margaritas, el diagnóstico que sigue y la propuesta desarrollada en el capítulo siguiente, estarán concentrados en la porción de Las Cañadas de Ocosingo-Altamirano. Esta parte del territorio se extiende sobre una superficie de más de 300 mil hectáreas, ha sido dividida por sus propios habitantes (por razones geopolíticas) en siete microrregiones y conforma el corazón territorial de la rebelión neozapatista. Es también la porción que colinda (y se sobrepone) con la enorme masa selvática, inaccesible y muy poco explorada de la Reserva de la Biosfera de Montes Azules (RIBMA) (figura 4.5).

¿De qué manera se puede visualizar (y fundamentar) una propuesta de modernidad alternativa para las comunidades indígenas de Las Cañadas? Dicho en otros términos, ¿cómo se pueden llevar a la práctica en esta región los principios de un desarrollo comunitario sustentable? El primer procedimiento obligado es la revisión de las condiciones sociales, productivas y naturales que existen en la región y que operan como el marco de referencia o el punto de partida de toda propuesta. El diagnóstico que sigue ofrece, entonces, un panorama de la población que habita Las Cañadas, su infraestructura y servicios, sus formas de producir y los efectos que su presencia y sus actividades han tenido sobre los sistemas ecológicos de la región.

El primer hecho a destacar es el de la población que vive en Las Cañadas. Hacia 1992 se estimaba que estaba constituida por cerca de 65 mil habitantes esta porción del territorio de la Selva Lacandona, con una densidad promedio de veintiún habitantes por km^2. Esta población se distribuía en mil cincuenta y seis localidades pertenecientes a dos tipos de asentamientos: los ejidos, y las comunidades y las rancherías (que son conglomerados humanos de no más de cinco familias). Por ello, mientras que las cuatro quintas partes de la población se concentra en ciento cuarenta y ocho comunidades y ejidos, el restante 20 por ciento es decir 13 mil habitantes, se encuentra dispersa en novecientos ocho sitios.

La distribución geográfica de esta población, su arreglo entre las siete microrregiones, de alguna forma refleja los flujos y tiempos de la colonización. Las dos microrregiones más cercanas a Ocosingo (Estrella y Agua Azul, véase la figura 4.6) alojan a casi la mitad de la población de Las Cañadas. Le siguen las dos microrregiones más cercanas a Altamirano (Patihuitz y Altamirano), con entre 8 mil y 10 mil habitantes cada una, y el territorio más alejado de Avellanal con seis mil trescientos habitantes. Finalmente, las dos áreas más remotas (Guanal y San Quintín) son la porción del territorio menos

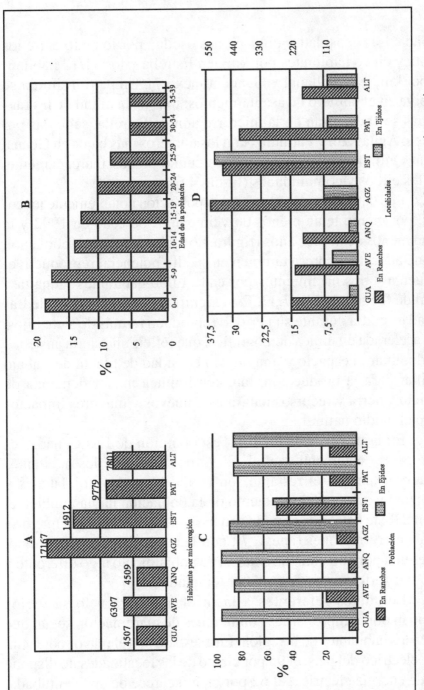

Figura 4.6 Principales indicadores demográficos de la región de Las Cañadas. Datos de 1990-91 y por microregiones.
Fuente: CIEDAC, 1992.

poblada. Las densidades poblaciones oscilan por lo tanto entre los treinta y cinco habitantes por km2 en Estrella y los 11/12 habitantes por km2 en Avellanal y Guanal (anexo 7). Un patrón similar se observa en el número de asentamientos: más de la mitad de las rancherías se encuentran en la microrregión de Estrella, seguidas por número Agua Azul y Patihuitz, con los números más bajos en Guanal y San Quintín. Lo mismo ocurre, aunque menos marcadamente, con los ejidos y comunidades (figura 4.6).

Los datos censales revelan una población notablemente joven: el 62 por ciento tenía menos de veinte años de edad en 1992 y la mitad menos de quince años (figura 4.6). El vigor de esta población colonizadora se expresa también en su alto potencial reproductivo: cincuenta y tres nacimientos por cada 1,000 habitantes y una tasa anual de fecundidad de 7.32. Esto significa que cada mujer de Las Cañadas tendrá durante su período reproductivo más de siete hijos. Esta acelerada dinámica demográfica, que refleja una cierta ansiedad por dominar el espacio y una obvia necesidad de fuerza de trabajo familiar para la producción, también implica mayor demanda de servicios, tierra y recursos naturales y nuevos y mayores impactos sobre el medio natural.

En la perspectiva cultural, esta porción de Las Cañadas es un territorio netamente tzeltal. El 95 por ciento de los habitantes habla esta lengua (el restante son tzotziles, choles, tojolabales y mestizos) y sólo un 60 por ciento de la población habla también el español. Este patrón se cumple con bastante precisión en la mayoría de las microrregiones (anexo 7), con la excepción de Altamirano, que es una porción con una historia de poblamiento algo diferente y cuyo territorio es más de carácter templado.

Los datos referentes a la infraestructura y lo servicios terminan por comprobar las condiciones de marginación social que sufren los habitantes de la región. En el estado con el mayor potencial hidroeléctrico del país, el 95 por ciento de las localidades no dispone aún de energía eléctrica, el 62 por ciento carece de agua entubada, el drenaje no se conoce y sólo existe una letrina por cada veinticuatro habitantes (figura 4.7). Casi toda la población tiene a la leña como

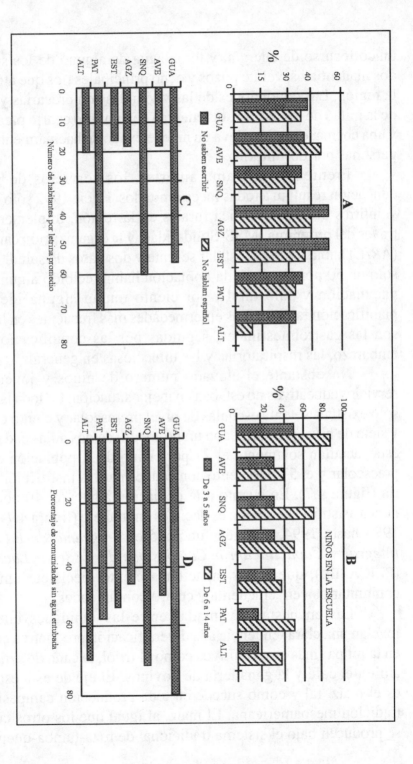

Figura 4.7 Analfabetismo, escolaridad, número de letrinas y porcentaje de comunidades sin agua entubada en las siete microrregiones de Las Cañadas. Los datos son de 1990-91.
Fuente: CIEDAC, 1992.

único recurso de energía, y toma agua de alguno de los setenta y dos manantiales, veinte pozos y ocho principales ríos que atraviesan la región. Las condiciones de las viviendas son precarias y en más de la mitad de los casos éstas cuentan con un solo cuarto para dormir y una cocina, o que conlleva un nivel elevado de hacinamiento (cinco personas por dormitorio).

Frente al panorama anterior, los servicios de salud y educación resultan a todas luces limitados. Hacia 1992 sólo existían veintitrés unidades médica rurales en la región, implementadas a través del programa IMSS-Solidaridad, y la organización campesina (*ARIC*) había logrado instalar sesenta y dos casas de salud. Por ello solo un 50 por ciento de la población había recibido algún tipo de vacunación y sólo un 12 por ciento tenían alguna idea de la planificación familiar. Las enfermedades más frecuentes en la región son las gastrointestinales, seguidas por las complicaciones del embarazo, las respiratorias y las infecciosas en general.

No obstante el elevado número de niños y jóvenes, los servicios educativos no estaban en mejor situación. En toda la región, sólo existían setenta escuelas de nivel pre-escolar y ciento cuarenta y siete de nivel primario, con un promedio de dos aulas cada una. A éstas acudían solamente el 27 por ciento de la población en edad preescolar y el 57 por ciento con edades para la instrucción primaria (figura 4.7). En cuanto a la población adulta, el 40 por ciento nunca asistió a la escuela; es decir, es analfabeto (figura 4.7). Desde 1989 hasta 1994, también funcionó el *Programa de Educación Integral y Capacitación a Campesinos de la Selva Lacandona* (PEICASEL), que logró capacitar a ciento dieciséis «maestros comunitarios» en cincuenta y cuatro comunidades.

Las encuestas levantadas entre las unidades familiares revelan una clara tendencia a la diversificación productiva con base en la milpa (más otros cultivos como el frijol, la caña de azúcar y el chile), el café y la ganadería de bovinos. El eje de esta estrategia es el maíz, tal y como sucede en toda producción campesina con tradición mesoamericana. El maíz, al igual que los otros cultivos, se producen bajo el sistema tradicional de roza-tumba-quema, que requiere de un obligado período de descanso para la tierra laborada (barbecho). Esta técnica permite tanto la recuperación de los suelos (es decir un reestablecimiento de su fertilidad) como un abatimiento de las plantas arvenses (malezas), que tienden a competir con el cultivo. La supresión o la reducción del período de barbecho impide la recuperación del potencial productivo del terreno y esto ocasiona un abatimiento de los rendimientos. En la región se producen dos cosechas de maíz al año: una que aprovecha el ciclo normal de lluvias de verano (entre junio y septiembre), que es la típica agricultura de temporal que se realiza en México, y una segunda que se ve favorecida por las lluvias de invierno, menos frecuentes y más erráticas, generadas por el período de «nortes» que se originan en el Golfo de México. Si bien todos los productores realizan agricultura de temporal, sólo algunos desarrollan una segunda cosecha.

En la región de Las Cañadas, todas las labores para la producción agrícola son realizadas manualmente; es decir, sin arado o animales de tiro, así como sin insumos modernos, tales como fertilizantes químicos o herbicidas. En la región más del 95 por ciento de las familias cultivan maíz, entre un 55 por ciento y 75 por ciento producen frijol, más del 70 por ciento cultivan café y más de la mitad realizan ganadería de bovinos. Estas cifras varían de acuerdo a cada microrregión (figura 4.8), lo mismo que las combinatorias de las principales actividades. Por ejemplo, mientras que en Agua Azul, Avellanal y especialmente en San Quintín predominan las familias productoras de café (combinado con maíz y ganadería), en Altamirano domina la estrategia especializada productora de maíz (Figura 4.8). Estos patrones obedecen tanto a las condiciones naturales como a las oportunidades de mercado y las vías de comunicación y comercialización disponibles.

La escala de la producción es minifundaria, sin que la superficie llegue a ser un factor limitante. Las encuestas revelaron que cada familia dispone de entre cinco y siete hectáreas de potrero, 1.5 hectáreas de maíz, de 0.5 a 0.8 hectáreas de frijol y no más de dos hectáreas de café (figura 4.9). Esto deja una superficie agro-productiva promedio de entre nueve y doce hectáreas por familia,

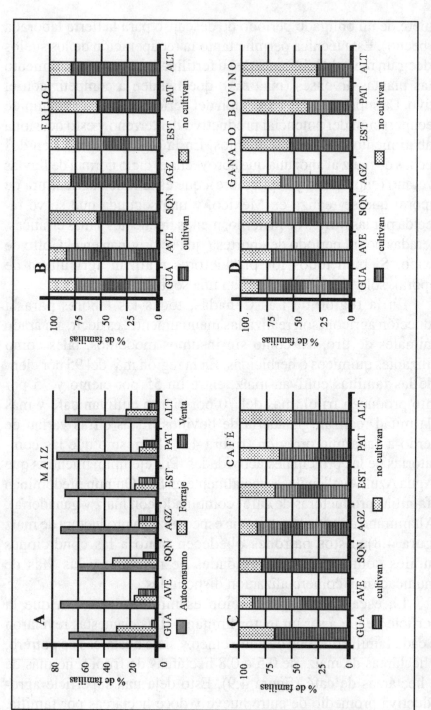

Figura 4.8 Porcentaje de familias que producen maíz, frijol, café y ganado bovino en las siete microrregiones de Las Cañadas. Los datos son de 1990-91. Fuente: CIEDAC, 1992.

sin contar las áreas forestales, que para las condiciones del trópico húmedo resultan más que adecuadas. A esta superficie habría que agregar el área de selvas maduras (montaña) y de selvas secundarias (acahuales) que también forman parte del usufructo familiar. El área forestal disponible por familia disminuye o se incrementa con pasmosa exactitud conforme se acerca o se aleja del principal centro urbano de la región (Ocosingo): menos de tres hectáreas en Estrella, Patihuitz y Altamirano, nueve hectáreas en Agua Azul y Avellanal y doce a catorce hectáreas en Guanal y San Quintín (figura 4.9). Esto refleja no sólo una correlación con la antiguedad de poblamiento, sino con los tamaños de la población: Estrella, Agua Azul, Altamirano y Patihuitz son las cuatro microrregiones que presentan las más altas densidades de población (véase anexo 7).

En conjunto, cada familia dispone de entre quince y veinte hectáreas, superficie en la cual tiende a combinar varias actividades (figura 4.10). Esta última cifra es la que en teoría recibió cada unidad familiar al momento del establecimiento de los nuevos ejidos. Frente a estos datos, el argumento de una falta de tierra como detonador de la rebelión indígena propalado por muchos analistas del incendio chiapaneco resulta insostenible en esta porción del conflicto (aunque es ciertamente válido para las condiciones de las comunidades de Los Altos que es la otra región en conflicto). Este hecho resulta también de enorme importancia, como veremos, en el diseño de una apropiada estrategia productiva, y termina por confirmar la tesis de que la rebelión indígena no se originó por un reclamo de tierras, un fenómeno que ha sido registrado por algunos de sus mas agudos analistas[65].

El dilema crucial de Las Cañadas

El panorama que resulta de estas modalidades productivas realizadas de manera espontánea, con un nulo apoyo tecnológico, escasas vías de comercialización, ausencia de un mercado efectivo y sin ningún

---

[65] Leyva & Ascencio-Franco, 1996.

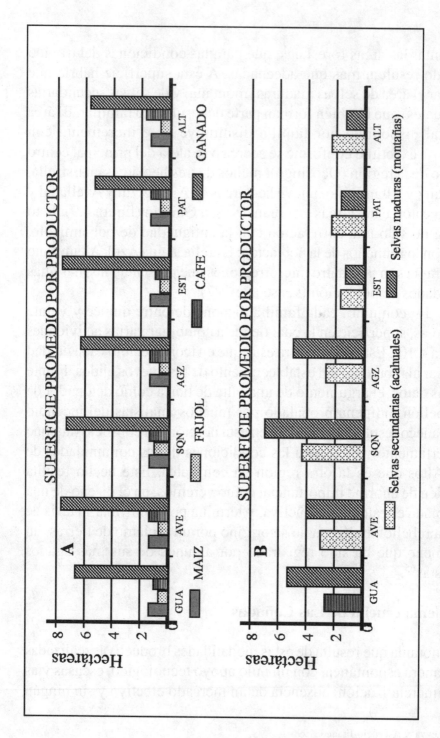

Figura 4.9 Superficie promedio por productor en las siete microrregiones de Las Cañadas para los principales productos agropecuarios, selvas secundarias y selvas maduras. Los datos de 1990-91. Fuente: CIEDAC, 1992.

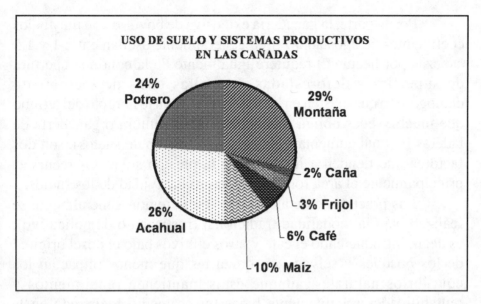

**USO DE SUELO Y SISTEMAS PRODUCTIVOS
EN LAS CAÑADAS**

24% Potrero

29% Montaña

2% Caña

3% Frijol

26% Acahual

6% Café

10% Maíz

Figura 4.10 Porcentaje de uso del suelo (selva madura o montaña, selva secundaria o acahual, potrero y áreas agrícolas) y de los principales cultivos agrícolas en Las Cañadas. Fuente: CIEDAC, 1992.

tipo de ordenamiento territorial, es el de un espacio paulatinamente deforestado y degradado, donde un mosaico con áreas agrícolas semi-extensivas, agroforestales (café) y ganaderas, amenaza permanentemente a los fragmentos o masas de áreas forestales secundarias y primarias. Se trata de una situación *no sostenible* al mediano o largo plazo, donde las condiciones ya de por si precarias de los habitantes tienden a deteriorase aun más al mismo ritmo en el que lo hacen los propios ecosistemas regionales.

En esta perspectiva, la presión sobre las selvas y bosques con su flora y su fauna sobre la productividad de los suelos y sobre los recursos de agua se pone de manifiesto en función de cada práctica productiva. Por ejemplo, las actividades agrícolas requieren de períodos obligatorios de descanso para mantener los rendimientos (que en la región son generalmente bajos con promedios para el maíz de entre los 900 y los 1,500 kgs y para el frijol de entre 100 y 270 kilogramos por hectárea), lo cual incrementa en la práctica la superficie deforestada para fines agrícolas.

Por su parte, la ganadería extensiva de bovinos con muy bajos coeficientes de agostadero (que generalmente oscilan entre 1 y 1.5 cabezas por hectárea) requiere igualmente de la continua apertura de superficies deforestadas. Las altas tasas de incremento demográfico que existen en la región, junto con lo abrupto del terreno que mucha veces obliga a realizar una agricultura o ganadería de laderas (lo cual aumenta los riesgos de erosión de suelos), son dos factores que tienden a incrementar la presión sobre los recursos, principalmente el área forestada y la productividad de los suelos.

Las prácticas cafetaleras, que en la región generalmente se realizan bajo la modalidad tradicional (rusticana o de policutivo); es decir, introduciendo el café y otros cultivos bajo el dosel original de los bosques y selvas, son quizá las que menos impactan los equilibrios naturales, aunque éstas mantienen rendimientos y rentabilidades relativamente bajas (el promedio registrado en la región es de seis quintales por hectárea, mientras que el promedio estatal alcanza los diez y un predio tecnificado los veinte a veinticinco quintales).

Finalmente, el bajísimo precio al que son cotizados los productos generados desde Las Cañadas (tales como el café o el ganado en pie) es un factor clave para entender el doble proceso de deterioro (ecológico y social) que tiene lugar en esta región tropical de México. La marginación social y la explotación económica son entonces dos factores que amenazan el equilibrio regional, y que se expresan a través de las prácticas de uso (o desuso) que las familias y las comunidades hacen de los recursos naturales. El axioma de que la explotación de la naturaleza es a su vez consecuencia de la explotación que sufren los propios productores o apropiadores de esa naturaleza halla, en Las Cañadas, su comprobación empírica.

La deforestación como expresión de crisis

Las tendencias de estos impactos pueden evaluarse sobre una escala regional y en períodos de varios años. Un indicador apropiado son las tasas de deforestación, pues la pérdida de cobertura forestal en un espacio determinado implica, entre otras cosas, un desequilibrio en el clima regional, erosión de suelos, pérdida de manantiales y enzolvamiento de cauces, reducción de mecanismo de captación de bióxido de carbono, pérdida de biodiversidad (especies y genes), pérdida de riqueza económica forestal (productos maderables y no maderables) y una reducción de las fuentes locales de bioenergía (leña).

Para evaluar la deforestación sobre en lapso determinado se requiere de información sobre al menos dos períodos de tiempo. Para el caso de Las Cañadas, se procedió a realizar un análisis de su territorio (incluyendo el área de Las Margaritas) teniendo como base la información cartográfica de dos fuentes principales: la carta de vegetación y uso del suelo del INEGI publicada en 1988 y que contiene información de fotografías aéreas tomada durante la década de los años setenta, y una imagen de satélite LANDSAT de falso color tomada en 1991, la cual fue interpretada con base al color, rugosidad, y composición[66]. Las interpretaciones fueron verificadas en campo mediante recorridos aéreos y terrestres. A partir de ambas fuentes, a escala 1:250 000, se distinguieron seis diferentes patrones de uso del suelo.

Los datos del análisis realizado señalan que durante el lapso observado (70-1991) la región de La Cañadas perdió alrededor de 200 mil hectáreas de su cobertura forestal al pasar de 458 mil en los años setentas a 256 mil hectáreas en 1990 (figuras 4.11 y 4.12). Esto significa que el territorio de Las Cañadas pasó de contener un 74.2 por ciento de cobertura forestal en la década de los setentas a un 41 por ciento en 1991; es decir, en dos décadas se deforestó una tercera parte de su superficie. El proceso anterior es, por supuesto, consecuencia de la expansión de la frontera agropecuaria que pasó de 32,500 hectáreas en los años finales de la década de los setenta a 222 mil en 1991; esto es, aumentó de un 5.3 por ciento a un 36 por ciento del total de la superficie de la región (anexos 8 y 9).

---

[66] Ortíz y Toledo, 1998.

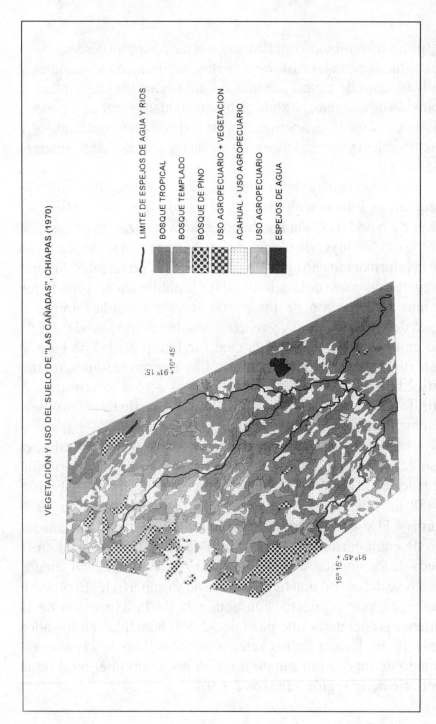

VEGETACION Y USO DEL SUELO DE "LAS CAÑADAS", CHIAPAS (1970)

LIMITE DE ESPEJOS DE AGUA Y RIOS

BOSQUE TROPICAL

BOSQUE TEMPLADO

BOSQUE DE PINO

USO AGROPECUARIO + VEGETACION

ACAHUAL + USO AGROPECUARIO

USO AGROPECUARIO

ESPEJOS DE AGUA

Figura 4.11 Distribución geográfica de los principales tipos de vegetación y usos del suelo durante la década de los setentas en la región de Las Cañadas. Véase texto y para más detalles Ortiz & Toledo (1998).

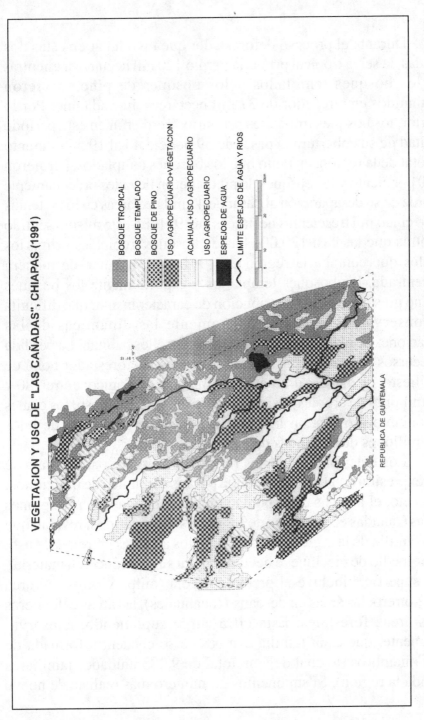

Figura 4.12 Distribución geográfica de los principales tipos de vegetación y usos del suelo hacia 1991, en la región de Las Cañadas. Véase texto y para más detalles Ortiz & Toledo (1998).

Durante el proceso deforestador que tuvo lugar en estas dos décadas, la selva tropical primaria perdió 120 mil hectáreas, mientras que los bosques templados y los bosques de pino se vieron disminuidos en alrededor de 37 mil hectáreas ha cada uno. Por lo anterior, los bosques tropicales primarios perdieron en este período la mitad de su cobertura al pasar de 39 por ciento al 19.5 por ciento del total de la región, en tanto que los bosques templados, perdieron un 60 por ciento y los bosques de pino, fueron llevados prácticamente al borde de su desaparición al pasar de 42 mil hectáreas en los setentas a solo cinco mil trescientas hectáreas en 1991. En este mismo sentido mientras que las casi 120,000 has de bosques tropicales primarios con los que contaba la región en 1991 se distribuían de manera concentrada, los bosques templados y especialmente los bosques de pino presentaron una distribución de carácter insular que dificulta su conservación y afecta severamente las dinámicas de las poblaciones de plantas y de animales que en ellos habitan. La pérdida de recursos forestales que supone el proceso deforestador pone de manifiesto, de manera dramática, el impacto ecológico: entre 180 y 240 millones de árboles desaparecieron durante ese lapso, los cuales en conjunto provocaron la liberación hacia la atmósfera de unos 21.9 millones de toneladas de carbono[67].

Los anteriores impactos registrados en el espacio son, a su vez, expresión de la acción ejercida por los conjuntos de individuos. En efecto, el análisis de la población habitando las microrregiones de Las Cañadas en términos de los recursos requeridos, revelan que cada familia de la región necesita, bajo los actuales patrones de uso, un promedio de diecinueve hectáreas para su reproducción material. Esta superficie incluye el predio agrícola (milpa y otros), el área para potrero, las áreas en descanso (acahuales), las áreas cafetaleras y las áreas forestales. Esta cifra surge suponiendo, conservadoramente, que cada familia campesina se encuentra formada de siete miembros (lo cual deja un total de 9,283 unidades familiares en toda la región). Si suponemos un número más realista de nueve

---

[67] Ortiz & Toledo, 1998.

miembros por familia, la superficie requerida se eleva a 24.6 hectáreas. Los valores también oscilan de microrregión a microrregión: de solo 12.5 hectáreas en Agua Azul (donde probablemente la intensa actividad cafetalera reduce la superficie requerida) a treinta hectáreas en Patihuitz y San Quintín (donde la ganadería posiblemente incrementa el área requerida).

Las proyecciones hacia el futuro

Nuestras predicciones, basadas en los datos anteriores, en las tasas de incremento demográfico ya citadas y en la situación de expoliación económica y de marginación a la que se encuentran sujetos los actores sociales (las comunidades indígenas), indican que de no revertirse o modificarse sustancialmente las actuales condiciones, la región de Las Cañadas quedará completamente deforestada en un lapso de entre veinte a veinticinco años. En otras palabras, ante ritmos de deforestación estimados en alrededor de 100 mil hectáreas por década, la región podría quedar sin cobertura forestal para el año 2010 o 2015, dando fe de una situación no sólo de deterioro extremo, sino de colapso.

Se requiere, por lo tanto, de una estrategia productiva (y de desarrollo) de carácter emergente, que busque tanto la intensificación de las actividades productivas agropecuarias como el potenciamiento de los productos forestales maderables y no maderables de las selvas y bosques y sus servicios ambientales (captura de agua y de carbono, mantenimiento de la diversidad de flora y fauna, eco-turismo, etcétera). Ello en realidad significa adoptar dos estrategias complementarias: una primera que reduzca la presión sobre la cobertura forestal y sobre los suelos al hacer un uso más intensivo del espacio y sus recursos es decir (que obtenga mayores rendimientos bajo las mismas o menores superficies) y una segunda, que incentive el mantenimiento de la cobertura forestal mediante el aprovechamiento de especies y/o servicios ambientales. La fórmula productiva requerida en Las Cañadas es, entonces, la de una intensificación agropecuaria y agroforestal (cafetales) más un uso adecuado (integral y no destructivo) de los bosques y selvas.

Este es un asunto que, sin embargo, no depende únicamente de la «innovación tecnológica» o de la «eficiencia productiva», sino que atañe también, muchas veces de manera decisiva, a las formas y niveles de organización de los productores y sus comunidades y especialmente a la revaloración que desde una perspectiva económico-ecológica se dé a los productos, bienes y servicios que estas comunidades y sus familias ofrecen a la sociedad por entero (nacional e internacional). En otras palabras, no basta arreglar la producción (y apropiación), se requiere también de la modificación de los otros segmentos de la cadena productiva: la circulación de lo que se produce y su transformación y consumo.

Ello significa que, socialmente, no es suficiente que las comunidades indígenas de Las Cañadas se vuelvan altamente «eficientes» y «productivas» desde una perspectiva ecológica o económica, se requiere también de canales efectivos (directos y justos) de comercialización de lo producido (no sólo bienes sino también servicios) y de una revaloración por parte de quienes los transforman y los consumen (ciudades e industria). Dicho de manera tajante, se requiere de una modificación estructural que involucre a toda la cadena metabólica: productores (las comunidades indígenas), comercializadores, transformadores (agro-industriales) y consumidores. Ello se traduce en solidaridad que con los habitantes de esta región deben de tener los sectores urbanos e industriales del resto del país (y del mundo). En suma, el caso es como habremos de mostrar en el capítulo siguiente, desembocar en las vertientes de una modernidad alternativa, la cual toma forma en una propuesta de un *desarrollo comunitario sustentable*.

Como hemos señalado, esta estrategia se finca en un pacto con la naturaleza, puesto que reconoce como su fundamento esencial el aprovechamiento (no la destrucción) de las peculiares riquezas de la región, las que bajo las actuales circunstancias se encaminaban hacia su total deterioro. Por todo ello, la rebelión indígena, y todo lo que ha logrado sacudir, ha sido en lo esencial no sólo una batalla por la supervivencia (social, cultural, comunitaria), la autonomía local y regional y la dignidad humana, sino una lucha por el reestablecimiento de una relación (armónica, permanente, ejemplar) de *toda* la sociedad con la naturaleza. En ello reside el universalismo y la generosidad amplificada de una rebeldía que nace regional y particular y que, llevada hasta sus últimas consecuencias, se vuelve una demanda nacional y finalmente universal porque involucra a muchos otros sectores sociales, no sólo los próximos o los cercanos sino hasta los muy distantes.

V

El modelo mesoamericano:
Construyendo con
la naturaleza y la cultura

El modelo mesoamericano:
Construyendo con la naturaleza y la cultura

Tradición y modernidad: un duelo de civilizaciones

"Civilización –afirma O. Paz- es el estilo, la manera que tiene una sociedad de vivir, convivir y morir. Comprende las artes eróticas y las culinarias; a la danza y al entierro; a la cortesía y a la injuria; al trabajo y al ocio; a los castigos y a los premios; al trato con los muertos y con los fantasmas que pueblan nuestros sueños; a las actitudes ante las mujeres y los niños, los viejos y los extraños, los enemigos y los aliados; a la eternidad y al instante; al aquí y al allá.."[68]. Desde la perspectiva ecológica, cada civilización presenta un modo particular de articulación entre los seres humanos y la naturaleza. En efecto, cada civilización concibe, percibe, conoce, sueña y se imagina de manera diferente, ese conjunto de elementos naturales que acompañan a toda sociedad. Como mundo externo o como espacio internalizado, como paraíso o como infierno, la naturaleza siempre ha sido interpretada de manera distinta por cada una de las fórmulas civilizatorias que logran reconocerse en el ancho horizonte de la historia. Y al otorgar una particular valoración a la naturaleza, cada civilización no hace más que proyectar las cualidades de su propia configuración societaria: un estilo de vida, una visión del mundo, un cierto orden económico y social, una forma de conocimiento y, por supuesto, una única manera de apropiársela.

Los recursos de la naturaleza se usan, utilizan o emplean siempre en correspondencia con los modos particulares como aquélla es visualizada, concebida y, finalmente interpretada. El metabolismo entre la sociedad y la naturaleza, ese proceso eterno por medio del

---

[68] Octavio Paz, 1983:141.

cual los seres humanos obtienen bienes, productos, y medios de existencia, es entonces resultado de la forma como la naturaleza aparece interpretada en las mentes de los hombres agrupados en sociedad.

Las selvas tropicales húmedas del mundo, inmensos invernaderos convertidos en templos a la diversidad de la vida por obra y gracia del proceso de la evolución biológica, han tenido también diferentes intérpretes y, por lo mismo, sus recursos han sido concebidos y utilizados de manera diversa. En el pasado, estos reservorios de riqueza biológica sirvieron de base para el desarrollo de notables civilizaciones tropicales tales como la olmeca y la maya en mesoamérica, o la khmer y la singalesa en el sureste de Asia, de tal suerte que sus recursos permitieron la existencia de amplios núcleos de población humana. Tras la expansión europea, destruidos o fuertemente disminuidos, los principales reductos de civilización no occidental, la mayor parte del trópico húmedo, permaneció como una de las porciones menos accesibles no sólo de las nuevas colonias, sino de todo el planeta.

En efecto, al quedar excluido por razones de geopolítica e incompatibilidad tecnológica de la expansión productiva de Occidente, el trópico húmedo quedó durante siglos como un área poco o nada poblada, como «terra ignota». Redescubiertas en las últimas décadas como los prometedores espacios para una nueva oleada de colonización modernizante por parte de las sociedades industriales, las regiones tropicales húmedas del mundo son hoy, a un mismo tiempo, escenario y actrices, testigos y víctimas, de un sólo drama: casi al cierre del siglo XX, son la arena donde tiene lugar un duelo entre dos civilizaciones: una, que podríamos llamar tradicional, representada por esa miríada de comunidades indígenas, tribales o campesinas, herederas de un modelo societario premoderno, y poseedoras de una cultura generalmente agrafa, basada en los mitos y en los atributos de la vida comunitaria; la otra, que se autodenomina moderna y que viene a representarse por una racionalidad basada en la gestación eficiente de las mercancías, su circulación y consumo, el uso de las ciencias y las tecnologías, de la maquinaria y la energía fósil, y basada en los principios del racionalismo, la cuantificación y el pragmatismo de los individuos. ¿Qué aspectos toma esta contienda y, sobretodo, cuáles son las consecuencias ecológicas de esta colisión de civilizaciones?

La visión indígena de la selva tropical húmeda

Se estima que unos 50 millones de individuos que pertenecen cerca de setecientos diferentes grupos étnicos forman la población indígena que hoy en día vive y usufructúa los recursos de las regiones tropicales húmedas del mundo. En Latinoamérica destaca la región Amazónica donde aún existen algo más de un millón de habitantes indígenas (de los 6.8 millones que se supone existieron en esa cuenca al momento del contacto europeo) y que representan aproximadamente doscientos grupos étnicos, y una población casi similar (900 mil individuos) habita en el territorio tropical húmedo de México, esta vez correspondientes a sólo dieciocho culturas. Habitantes milenarios de las selvas, se tiene noticia de presencia humana en la Amazonia desde hace diez mil trescientos años antes de nuestra era, y de seis mil años a.C. en las costas del Golfo de México. ¿Cuáles son las maneras en las que estas culturas no occidentales perciben y utilizan los recursos de los ecosistemas selváticos tropicales?

Un principio destaca dentro del modelo utilizado por las culturas tradicionales del trópico: el de la «selva consagrada»; es decir, el de la relación profundamente religiosa que esas culturas establecen con la naturaleza. En efecto, para la cosmovisión indígena, la selva y el resto de los recursos tropicales son fundamentalmente espacios sagrados donde los seres vivos se encuentran dotados no sólo de un alma, sino también de un comportamiento particular: plantas que se enojan, monos que conocen los celos, colibríes convertidos en maestros de la galantería, hormigas solidarias, tucanes glamorosos, anacondas temibles. En la visión mitológica, la imaginación humana no toca fondo, es un caudal sin límites. "...*la intersubjetividad* nos dice Philipe Descola en su libro La Selva Culta *se expresa mediante el discurso del alma, que trasciende todas las barreras linguísticas y convierte a cada planta y a cada animal en un sujeto productor de sentidos. Si los seres de la naturaleza son antropomórficos, es porque sus facultades sensibles son postuladas idénticas a aquellas de los Hombres, aún cuando su apariencia no lo sea".* Desde la visión indígena, el bosque tropical es entonces una selva de símbolos, un inmenso coro de voces, un refugio de deidades, demonios y espíritus. En tal concepción, toda operación dirigida al uso de la naturaleza (es decir, todo proceso productivo) se vuelve, fundamentalmente, un acto de profanación de la selva consagrada.

El acto de apropiación de la naturaleza mediante el cual esas sociedades obtienen bienes y productos materiales para su subsistencia es, entonces, una operación sumamente delicada porque debe efectuarse afectando al mínimo a los seres que forman el mundo natural o resarciéndolos de inmediato, un mundo del que los humanos también forman parte junto con las plantas, los animales, los hongos, los ríos, y las estrellas. Con esta preocupación de por medio, las culturas indígenas han creado todo un repertorio de reglas de comportamiento y de creencias míticas, a través de las cuales logran el control y manejo de los recursos naturales. Como lo han mostrado diversos estudios antropológicos, los rituales (que incluyen el don, el sacrificio y la ofrenda) vienen a ser operaciones que dan lugar a un intercambio simbólico que mantiene a la naturaleza compensada. En estas sociedades la religión viene a operar como un mecanismo regulador entre las comunidades y sus ecosistemas. Por su parte, los filósofos indígenas que han logrado penetrar la cultura occidental sin traicionar su origen lo expresan de otra manera: se trata nos dicen de un «materialismo armónico», que rige la vida de los hombres en una sociedad sin clases, basada en una economía colectivista, una religiosidad cósmica y una relación armónica con la naturaleza.

La expresión práctica de esta filosofía ha sido la implementación de una estrategia de uso de los recursos que sabiamente aprovecha dos rasgos característicos de los ecosistemas de las regiones tropicales húmedas: la enorme diversidad biológica y los vertiginosos mecanismos de regeneración ecológica propios de las selvas siempre verdes. Deslumbran, por ello, dos rasgos: el enorme número de especies reconocidas por la mente indígena (novecientos nombres de plantas dio un informante maya de Quintana Roo a Barrera[69]; ochocientos de animales registró entre los Aguaruna de la Amazonia Peruana[70]), y su habilidad para utilizar cada estado de la sucesión, que es el proceso por el cual, en unos ochenta a cien años, la selva convertida en parcela se reestablece. El resultado final es la creación de un complejo mosaico de paisajes alrededor de las comunidades indígenas tropicales, a partir del cual estas culturas logran reproducir su existencia con un mínimo de deterioro ecológico (figura 5.1). Más que «agricultores de roza» o «agricultores nómadas», como se les ha denominado desde una interpretación equivocada, los indígenas del trópico húmedo deben ser visualizados como hábiles estrategas del uso múltiple en el que debe incluirse el manejo agrícola y agroforestal, la pesca, la caza, la recolección y, en algunos casos, la ganadería a pequeña escala.

La selva tropical mercantilizada

Para el ojo profano, calculador, cuantitativo, y pragmático del impetuoso gestor de progreso que la moderna civilización occidental ha cobijado, la selva tropical húmeda aparece como un recurso potencial de riqueza económica que es necesario explotar. Para ello se hace necesario investigarla, medirla, cuantificarla, escudriñarla hasta en sus más íntimos detalles como lo haría un relojero. Dejada atrás toda imagen religiosa de la naturaleza, la selva desacralizada se convierte en un «sistema exterior» del que los Hombres ya no forman parte, y en donde sus componentes son justamente eso, elementos de una enorme maquinaria movida por el sol. Quizás no haya sistema natural más estudiado en la actualidad que las exuberantes selvas siempre verdes. Hoy, todo un ejército de

---

[69] Barrera et al., 1976.
[70] Berlin, 1978.

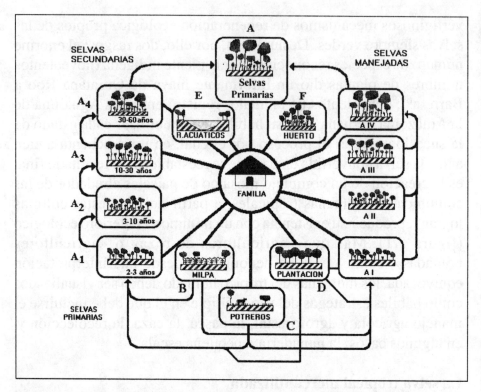

Figura 5.1 Representación idealizada del modelo indígena de uso de los recursos naturales a escala familiar. El manejo incluye además de la milpa, los potreros, las plantaciones, el huerto familiar y los recursos de los cuerpos de agua, las diferentes etapas de regeneración forestal (acahuales) (A1....A4) y las selvas o bosques manejados (AI.....AIII). Véase texto.

científicos analiza en diversas partes del mundo sus ciclos de materia y de energía, su estructura y sus mecanismos de regeneración, y realizan detallados inventarios del enorme número de sus especies. En este ímpetu hay, sin duda, un legítimo interés por rescatar para el espíritu humano lo que se considera el pináculo de la diversidad de la vida. Sin embargo, esta misma civilización que ha engendrado tan encomiable esfuerzo, es aún incapaz de hacer un uso racional de ella y, así como las regiones tropicales húmedas del mundo permanecieron durante siglos al margen del progreso industrial, así han sido siempre destruidas cada vez que se ha intentado integrarlas al mundo moderno. Extraña paradoja. ¿Qué es lo que en esencia impide la moderna explotación de la selva?

El problema está en el método. Al situarse por fuera de su objeto de estudio, la visión racionalista y tecnocrática de Occidente supone equivocadamente que la selva acabará siendo dominada; es decir, integrada a las redes mercantiles, por medio de la investigación y la tecnología. Y es que, como dijera un anticuado pensador: "... *la naturaleza tomada en forma abstracta, por sí, fijada en la separación del hombre, no es nada para el hombre*". La explicación estriba en una suerte de incompatibilidad intrínseca entre las características propias de estos ecosistemas tropicales y las exigencias que impone la economía de mercado. Dicho de manera un tanto cruda: la selva no es rentable. En efecto, para la racionalidad de la empresa moderna, que busca la producción masiva de uno o unos cuantos productos capaces de competir exitosamente, la diversidad de especies propia de los ecosistemas tropicales constituye un obstáculo casi imposible de vencer. Aún la explotación forestal (de madera), que en un primer plano parece ser la más obvia de las vocaciones de la selva, se enfrenta a la siguiente realidad: una sóla hectárea de selva tropical contiene entre trescientos y ochocientos árboles maduros que corresponden a entre unas cien y doscientas ochenta y cinco especies diferentes. Bajo la racionalidad del gestador de mercancías, la riqueza biológica de la selvas del trópico se traduce en un conjunto de recursos escasos: es una riqueza que se difumina. La especialización productiva a la que obliga la modernidad es incompatible con la diversidad de estos hermosos ensambles tropicales. El resultado final es un modelo de uso de los recursos que, o bien sobreexplota el enorme potencial acumulado en estos ecosistemas (como es el caso de la extracción de madera y otros productos), o bien los hace desaparecer de la faz de la tierra para utilizar sus espacios con la implementación de sistemas productivos más rentables: pastizales para ganado, plantaciones forestales monoespecíficas y cultivos agrícolas especializados, monotonía de pisos de fábrica en que debe convertirse la naturaleza. Hoy, los espacios tropicales del mundo dan fe del vector resultante de cuatro siglos de esfuerzos por integrar estos templos de la diversidad a la pujante dinámica de la modernidad: extensas plantaciones de azúcar en el Caribe, de caucho en Malasia y Brasil, de té en Ceylan, de plátano en Centroamérica, de eucalipto en Asia, de cacao en Ghana o Venezuela, de yuca en Tailandia, de palma de aceite en Nueva Guinea, y un infinito mar de pastizales para ganado en toda Latinoamérica (treinta y tres millones de hectáreas). El panorama termina por dibujarse con los enormes ejércitos de campesinos desposeidos que, expulsados de otros ambientes, «colonizan» año tras año las regiones tropicales húmedas del mundo.

El caso de la Selva Lacandona

Como en el resto de las regiones tropicales del mundo donde todavía existen selvas siempreverdes, el futuro de la Selva Lacandona depende de que se hallen fórmulas que resuelvan y den continuidad histórica al conflicto de civilizaciones que hoy presenciamos. El primer paso consiste, sin duda, en trascender la estrecha visión que hoy domina a Occidente, aquélla que sólo ve en la naturaleza sistemas externos para la producción de mercancías. El segundo, es el de dar paso a una visión que retome y refuncionalice la tradición de la civilización indígena, lo cual tiene que ver con la necesidad de amalgamar pensamiento y sentimiento, razón y ética, en una nueva y diferente epistemología y en un nueva estrategia de manejo ecológico.

La selva tropical no sólo es un reservorio de bienes y productos que, por supuesto, deben ser empleados sin provocar su destrucción; es también un ensamble de tesoros biológicos y una fuente para la inspiración de los hombres y de las mujeres que la viven o que la contemplan. Si en el pasado y en el presente las civilizaciones premodernas vieron en ella un universo poblado de dioses y espíritus, hoy los artistas contemporáneos, heroicos herederos de aquella tradición, descubren galaxias de sonidos, catedrales de luz, coros de voces. Ahí están las pinturas de Rousseau, la música de Villalobos o las obras literarias de Mario de Andrade, como ejemplos de que la selva tropical puede ubicarse en el centro de nuestras sensibilidades.

Modernización agroindustrial o evolución ecológico-indígena ¿hacia la sustentabilidad?

Como fue ilustrado por los capítulos segundo y tercero de esta obra, hoy en día, junto a los procesos de modernización agroindustrial que dominan el mundo rural contemporáneo, comienzan a surgir vías alternativas de transformación basadas en el nuevo paradigma del *desarrollo sustentable*. Estos proyectos alternativos, cuestionan y remontan los valores y principios de la agroindustrialidad mediante un «salto adelante» que busca la implantación exitosa de formas post-modernas de producción y apropiación de la naturaleza.

En el caso de regiones campesinas e indígenas, como las que prevalecen en buena parte de los países del Tercer Mundo, este «salto adelante» denota un doble esfuerzo: no sólo se trata de eludir la modernidad que se impone desde los centros del poder urbano-industrial, se busca crear una realidad postindustrial en las áreas rurales. Por ello y puesto que de lo que se trata es de transformar la campesinidad en sustentabilidad *sin pasar por las formas «modernas» o agroindustriales*. Hablamos de una vía que más que modernizar, *evoluciona*. ¿Cuáles son las diferencias sustanciales entre estas dos modalidades, social y políticamente antagónicas, de concebir el desarrollo (rural)?

La vía «moderna» parte del supuesto de que el *único* conocimiento válido para el manejo de la naturaleza, es aquél que se genera en los centros académicos creados por la tradición originada en Occidente (universidades y centros de investigación). Por ello, en su devenir, esta alternativa tiende a ignorar la experiencia ganada por las culturas indígenas locales, muchas veces de antigüedad milenaria, que habitan una cierta región. Basada en el uso intensivo de energía fósil, capital, maquinaria y otros insumos la propuesta de modernización agroindustrial es, en esencia, ecológicamente destructiva pues es incapaz de mantener los sistemas productivos por largo tiempo sin deteriorar los recursos que la naturaleza aporta. Dirigida fundamentalmente a establecer unidades de producción privadas y generalmente de gran escala (megafundarios), la vía moderna promueve el uso especializado de los recursos, mediante el forzamiento de los procesos naturales y la conversión de la naturaleza en un «piso de fábrica» para la generación masiva de mercancías. Por ello, hoy por hoy, esta vía es la causa fundamental de la aguda crisis ecológica que viven las zonas rurales del país y de buena parte del desastre agrícola resultante (especialmente en la porción central y sur del territorio mexicano).

La vía ecológico-indígena parte de un importante supuesto paradigmático: *la modernización debe erigirse a partir -no en vez- de la tradición campesina e indígena*. En efecto, a diferencia de la vía «moderna», que de antemano califica los modos indígenas de apropiación de la naturaleza como formas atrasadas, improductivas, primitivas o arcaicas, la vía ecológico-indígena reconoce en esos modelos tradicionales el *punto de partida* para la construcción de un desarrollo rural justo y duradero y, sobretodo, que no erosione o dilapide ni los fundamentos de las culturas locales ni los recursos que la naturaleza ofrece. Reconociendo el carácter ecológicamente apropiado de los sistemas campesinos, pero también sus limitaciones e insuficiencias, esta vía promueve el análisis, la comprensión y el mejoramiento de tales sistemas a través del empleo apropiado de la ciencia y la tecnología modernas.

Ello supone el encuentro o la síntesis, no la sustitución, de saberes: los de carácter *diacrónico* que han sido acumulados por los productores indígenas a lo largo de cientos, a veces miles de años de observación y experimentación empíricas, y los de carácter *sincrónico* generados por los investigadores y técnicos con base en observaciones, análisis y experimentos de carácter contemporáneo. En suma, es a través del *diálogo* entre los productores campesinos y los investigadores científicos, que se permitirá la resolución de los problemas de una cierta realidad regional o local.

El modelo mesoamericano en el trópico húmedo

Como sucede con buena parte de los espacios tropicales y húmedos de Latinoamérica y del Caribe, en México la mayoría de las selvas tropicales húmedas (el 90 por ciento) ha sido transformada en extensas áreas ganaderas, monocultivos agrícolas (de maíz, cítricos, caña de azúcar, hule y otros cultivos) y, más recientemente, en enormes plantaciones forestales para producir pulpa para papel. Ello es la consecuencia de la aplicación durante varias décadas, de la vía agroindustrial de modernización que implica, sin excepción, la sustitución de las áreas forestales originales por sistemas simplificados y especializados para la producción de granos básicos, carne, fibras y materias primas industriales.

Este panorama se ve frecuentemente contrastado por regiones donde existen aún formas de manejo completamente diferentes que concilian *conservación* con *producción*. Se trata de áreas donde las comunidades indígenas, habitantes milenarias de esta región ecológica, han logrado resistir la vía convencional de la modernización rural, creando mosaicos productivos de alta diversidad biológica dirigidos a producir tanto para la autosubsistencia como para el mercado (regional, nacional e incluso internacional). Ello ilustra los microcosmos campesinos donde continúa aplicándose una estrategia de uso múltiple. En efecto, se trata de comunidades rurales que, mediante mecanismos aún desconocidos, lograron mantenerse al margen de la modernización de tipo agroindustrial promovida por planes estatales y federales de desarrollo, créditos bancarios o acciones de organismos gubernamentales o privados.

Esta resistencia se logró mediante la asimilación y aprehensión de las propuestas provenientes de la modernidad a una estrategia milenaria de uso múltiple, que mantiene en equilibrio tanto la producción con la conservación como la producción para la subsistencia con la dirigida al mercado (valores de uso y valores de cambio).

En el trópico húmedo de México, los grupos indígenas poseen una larga historia de poblamiento en el área con antigüedades que alcanzan los mil (mazatecos), tres mil (huastecos) y hasta ocho mil (totonacas) años. Ello sugiere la existencia de una experiencia de manejo ecológico de los recursos tropicales que es necesario documentar y destacar.

En México, la mitad de la zona tropical cálido húmeda que conforma alrededor del 10 por ciento del territorio nacional (unos 22 millones de hectáreas), se encuentra usufructuada por formas sociales de propiedad (ejidos y comunidades indígenas). En efecto, a diferencia de otras regiones latinoamericanas, en México la tradición de las culturas indígenas habitantes de esta zona (representadas por veintitrés grupos étnicos con una población de 1.6 millones en 1990) con una antigüedad de varios miles de años, ha inducido un manejo agropecuario-forestal dirigido tanto a la subsistencia como al mercado. El productor debe, entonces, procurar el manejo de un sistema de abasto seguro que mantenga la autosuficiencia alimentaria, combinado con uno o varios productos comercializables de alta cotización.

Si algún mensaje encierra la propuesta indígena en los trópicos húmedos, éste es el de la aplicación del principio de la diversidad al proceso productivo. Multiplicidad de actividades, no productores especializados; variedad de especies útiles y de productos no de monocultivos o de extracciones de una sola especie heterogeneidad de paisajes, no monótonos pisos de fábrica. A esta estrategia general de inspiración indígena deben seguirle, como se ha señalado, todo el caudal de conocimientos generados por la ciencia contemporánea: ecología de poblaciones de animales y plantas, análisis de ciclos de materia y energía, diseño de nuevas tecnologías y maquinarias, control integrado de pestes, mejoramiento genético y biotecnología.

Fueron necesarios más de dos siglos para que el pensamiento racionalista, cuya máxima representación la ostenta la ciencia contemporánea, reconociera la existencia no sólo de un conjunto de conocimientos o saberes (botánicos, zoológicos, edafológicos, climáticos, en fin ecológicos), sino de una estrategia indígena de uso y manejo de los ecosistemas selváticos tropicales cálido-húmedos[71]. Esta estrategia indígena tiende a constituir, hoy en día, una síntesis histórica de sistemas de producción.

---

[71] Toledo, 1996.

En efecto, en su versión más acabada, la familia o el productor indígena tiende a combinar (véase figura 5.1): 1) el sistema de milpa que puede llegar a constituir un policultivo de hasta veinte a veinticinco especies agrícolas y forestales (y de anuales y perennes), y que tiene como eje el cultivo del maíz; 2) la obtención de productos de las selvas primarias o maduras y de las selvas secundarias de diferentes edades que resultan del proceso por el cual el ecosistema selvático, convertido en predio agrícola o pecuario, se va paulatinamente reestableciendo, y que opera como el mecanismo para lograr la recuperación de la fertilidad de los suelos utilizados con fines agropecuarios; 3) la manipulación de secuencias de unidades forestales en diferentes grados de perturbación antrópica, de las cuales se obtienen ciertos productos comercializables (principalmente café, vainilla y cacao); 4) la implantación y manejo de huertos familiares o solares, que son sistemas agro-forestales ubicados junto o cerca de las viviendas, en la que se cultivan toda una variedad de especies nativas e introducidas generalmente para el autoconsumo, y en donde existe una cría de animales menores (gallinas, cerdos, patos, etc.); 5) la obtención de productos de los cuerpos de agua disponibles (ríos, lagunas y pantanos), principalmente peces, tortugas y crustáceos; 6) el manejo de áreas de ganadería bovina de pequeña escala, que por lo común son áreas de pastizales combinados con especies de leguminosas y árboles esparcidos con alguna utilidad, y en la que la alimentación del ganado se encuentra integrada con la agricultura mediante el empleo de los esquilmos agrícolas (rastrojos), empleados como forraje, y en donde la rotación de los animales es una práctica obligatoria; 7) áreas de plantaciones agrícolas o forestales (caña de azúcar, hule, cítricos, etc.) de pequeña escala, que por lo común constituyen sistemas dirigidos a la generación de productos comercializables.

El resultado es un sistema integrado por varias unidades productivas, en el que se combinan elementos de origen prehispánico (como la milpa o la pesca), con otros derivados del contacto europeo (como el café o muchas de las especies cultivadas en los huertos, o el ganado bovino), y otros francamente «modernos» (como el uso de variedades mejoradas o incluso el empleo de fertilizantes químicos). Este modelo indígena posee tanto carencias y limitaciones como sorprendentes ventajas ecológicas y económicas que es necesario reconocer, pero en esencia conforma hoy en día la alternativa más viable para alcanzar una modalidad productiva que no atente contra los equilibrios naturales y que sea capaz de aprovechar ventajosamente las peculiaridades que la naturaleza presenta bajo estas condiciones.

Por ello, el modelo indígena conforma el punto de partida para el diseño y la convalidación de formas productivas superiores bajo el nuevo paradigma de la sustentabilidad y con fundamento en los principios de la agroecología[72]. En conclusión: el modelo es una síntesis, extraída del estudio acucioso de la realidad hecha por la investigación etnoecológica, donde a una concepción general de origen autóctono se irán sumando todo un conjunto de adecuaciones provenientes tanto de la investigación científico-tecnológica (teórica y aplicada) como de la experiencia ganada por la propia praxis de los productores contemporáneos. Éstos son aportes que contribuyen a ajustar, mejorar o perfeccionar partes esenciales o accesorias del sistema, pero que no modifican al conjunto mismo pues el propio modelo fue «*made in Mesoamérica*».

La propuesta, en esencia, retoma la experiencia acumulada a través de la historia por las culturas autóctonas en su continuo interactuar con la naturaleza; es decir, supera la tremenda *crisis de recuerdo* que se presenta cada vez de manera más marcada la sociedad industrial contemporánea (figura 5.2).

Construyendo con la naturaleza y la cultura: el modelo mesoamericano

El modelo indígena, descrito en la sección precedente que es la expresión de un modo particular, históricamente determinado de apropiarse la naturaleza, existe y subsiste en permanente con-

---

[72] Altieri, 1987.

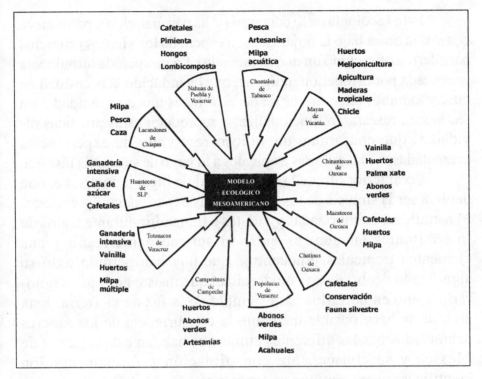

Figura 5.2 Contribuciones de diferentes culturas indígenas del trópico húmedo y súbhumedo de México a la integración del modelo ecológico mesoamericano. Véase texto.

frontación con su par antagónico (el modo agroindustrial) en los diferentes escenarios del trópico húmedo mexicano. En muchos sitios ha quedado totalmente desaparecido debido al implacable avance de las modalidades especializadas de la modernidad agroindustrial (monocultivos agrícolas, ganadería extensiva, plantaciones industriales); en otros, se encuentra moribundo y desfigurado; en otros más, logra persistir aunque de manera fragmentaria, incompleta o parcial; y en algunos otros, quizás los menos, se encuentra preservado por diversos mecanismos de resistencia y hasta presenta un cierto vigor[73]. La función de numerosos investigadores mexicanos y extranjeros (etnobiólogos, agroecólogos, geógrafos ambientales, etc.) ha sido la de documentar estas experiencias amenazadas.

---

[73] Véanse los estudios de caso descritos en Alcorn, 1989 y Toledo et al, 1994.

Esta «ecología de lo concreto»[74] ha permanecido y permanece como una brasa bajo la hojarasca, en espera de los vientos propicios para derramarse como un nuevo incendio. La inesperada turbulencia provocada por la rebelión indígena, que ha inducido la necesidad de buscar caminos alternativos de desarrollo, es una oportunidad para reconocer, rescatar, refuncionalizar y reproducir estas prácticas olvidadas, que conforman un valioso reservorio de experiencias acumuladas por las culturas tropicales a lo largo de su amplia historia.

Lo anterior ofrece la oportunidad de lugar a un diseño, que debiera ser la síntesis de los saberes y las experiencias aprendidas, transmitidas, memorizadas y vueltas a transmitir durante siglos de intermitentes encuentros entre el ser mesoamericano y sus elementos tropicales. Encuentros que hoy han perdido todo su significado dentro de una modernidad que insiste no sólo en ignorarlos, sino en borrarlos para siempre de la faz de la Tierra. Esta síntesis se hace posible mediante la concurrencia de los saberes acumulados por las diferentes etnias que habitan esta regiones de México y su consecuente convalidación y fundamentación científicas, operación que se logra a través del diálogo entre los investigadores, ya dotados digamos de una «conciencia postnormal», y los propios creadores y recreadores de estos conocimientos[75].

De esta cónclave de sabidurías permeadas por el conocimiento científico contemporáneo para lograr una nueva aleación cultural, nace el modelo mesoamericano de apropiación de los recursos naturales, que es una propuesta postindustrial y postmoderna que busca una vuelta a las raíces históricas de la relación entre las culturas indígenas y la naturaleza tropical para de ahí saltar por encima de las limitantes agroindustriales y terminar navegando por las aguas novedosas de la sustentabilidad. Dicho modelo constituye el diseño eco-productivo por el cual se hace posible modificar la articulación entre las comunidades indígenas de la región de Las Cañadas y sus

---

[74] Levi-Straus, 1962.

[75] Toledo, 1992c.

ecosistemas tropicales, única manera de «generar espacios de lógica y ordenamiento alternos», de reconstruir las relaciones sociales, de independizar las iniciativas «civiles», y de darle un nuevo aliento a las «esencias comunitarias» del México Profundo[76]. Las siete secciones siguientes están dedicadas a describir y explicar, paso por paso, las características de esta propuesta eco-productiva.

La milpa y su modernización ecológica

El primer elemento a considerar dentro de la estrategia indígena del uso múltiple es la *milpa*, la casa donde nace, crece y se reproduce el maíz. La conversión de un sistema agrícola nómada o trashumante (la milenaria roza-tumba-quema) en un sistema sedentario o permanente, el cultivo sobre áreas de ladera (de especial importancia en el caso de Las Cañadas), y la creación y manejo de policultivos; es decir, de sistemas de varias especies, constituyen los tres principales retos para llevar a cabo una modernización ecológicamente correcta de la *milpa* y los otros sistemas agrícolas de la región.

Como veremos enseguida, en los tres casos existe ya una cierta experiencia autóctona o indígena, que el alud de propuestas modernizadoras ha enviado al rincón del olvido y que, gracias a la persistencia de sus creadores, es hoy la base o el punto de partida más seguro para elaborar nuevas propuestas alternativas. Comencemos perfilando, aunque sea muy brevemente, el contexto de la agricultura en las porciones tropicales.

Realizar agricultura en el trópico húmedo fue uno de los más grandes logros de la especie humana, pues las condiciones del sustrato, el clima y la muy alta competencia biológica, dificultan el mantenimiento y manejo de las especies de plantas domesticadas. Para ello, los seres humanos tuvieron que hacer una concesión con la naturaleza. En efecto, no obstante que en estas porciones del planeta crece una exuberante selva que puede alcanzar hasta sesenta metros de altura, las condiciones de sus suelos y la gran diversidad

---

[76] García de León 1996, Bonfil, 1987.

de especies que las componen (y que inducen fuertes mecanismos de competencia) las hacen una de las porciones menos aptas para el cultivo vegetal. Por ello, en sus orígenes, la agricultura tropical comenzó manejando raíces y tubérculos (vegecultura) insertados en áreas desmontadas y en plena combinación con las especies naturales y, sobretodo, dejando largos tiempos de descanso de suelo y recuperación de la vegetación original. La idea, entonces, de un alto potencial agrícola y pecuario en el trópico húmedo propalado por los desarrollistas de todo tipo durante las últimas décadas, es un mito cuya más notable consecuencia ha sido una larga cadena de destrucciones y fracasos.

Se debe entonces comenzar reconociendo que en el trópico húmedo, que es la porción del planeta donde los seres vivos enfrentan los máximos valores de temperatura y humedad, los suelos utilizados con fines agrícolas y pecuarios presentan, por lo común, serias deficiencias. Esta situación provoca que los campos agrícolas (y en alguna medida los pastizales para ganado) después de dos, tres o cuatro años de ser utilizados se conviertan en suelos agrícolamente improductivos. Este fenómeno queda revelado por los rendimientos decrecientes que por lo común se presentan año con año en toda parcela tropical.

En el trópico húmedo, un suelo descubierto de su cobertura forestal es un suelo sujeto a dos fenómenos: la pérdida de la flora microbiana, debido a las muy altas temperaturas que inciden sobre el suelo desnudo, y un proceso de deterioro conocido como lixiviación, que consiste en una remoción de los nutrientes superficiales hacia los horizontes profundos del suelo como consecuencia de las lluvias torrenciales. Bajo la selva ambos fenómenos son neutralizados por la densa cubierta vegetal y por la continua caída del follaje, lo cual hace que la selva se mantenga alimentando y «creando» continuamente su propio suelo. Los ecosistemas selváticos tropicales poseen, además, un mecanismo de regeneración conocido técnicamente como *sucesión ecológica* a través del cual la selva se va lenta e inexorablemente restaurando en un lapso estimado en aproximadamente cien años (aunque a los sesenta y cinco años es imposible ya visualizar una diferencia con los estados sucesionales de carácter secundario), y por el cual los suelos van paulatinamente recuperando sus condiciones.

En este contexto, la agricultura practicada por las culturas indígenas de los trópicos húmedos del planeta (conocida mundialmente como *shifting, slash and burn, swidden, nomadic cultivation* en inglés, *agriculture nomade* en francés y «sistema de roza, tumba y quema», «conuco», o «milpa», en español) elude las limitantes ambientales arriba señaladas mediante un sencillo mecanismo: el «abandono» o descanso de las parcelas agrícolas por varios años (idealmente quince a veinte), con el objeto de permitir la restauración de éstos los suelos mediante los mecanismos naturales de la sucesión ecológica. De alguna forma, la sabiduría milenaria que reconoce el agotamiento de la riqueza de los suelos, provoca la restauración de estos echando mano de los procesos mismos de la naturaleza. Por lo anterior, el agricultor indígena tropical visualiza y maneja un mosaico compuesto por parcelas en uso y por áreas en descanso o en barbecho de diferentes edades (que en México se denominan por un vocablo derivado del náhuatl: el de *acahual*), a partir del cual se establece un complejo juego de opciones que el productor va eligiendo año con año.

El principio que guía la elección es el de que entre más antigua es el área reutilizada, será la productividad de sus suelos. La velocidad de recuperación natural de la fertilidad edáfica está en función no sólo del período de descanso, sino de las características intrínsecas de cada suelo (por ejemplo los suelos aluviales de las orillas de los ríos o los derivados de cenizas volcánicas resultan ser los menos desfa-vorables para fines agrícolas) así como de otros factores ambientales (como la cantidad de lluvia o la disponibilidad de semillas a partir de las cuales se facilitan los mecanismos de regeneración de la selva).

Esta estrategia consiste, en el descanso de los suelos, que obliga a una utilización de áreas mayores, otorga al sistema de roza-tumba-quema su carácter de agricultura extensiva. En otras palabras, los volúmenes de productos obtenidos de una sola parcela y/o sus rendimientos, en realidad deben computarse como extraídos de una superficie que incluye también los tiempos y las áreas en descanso. Frente a las necesidades de una mayor producción o el aumento del número de miembros de la familia productora, la solución dada desde la opción agro-industrial ha sido la de sustituir los períodos de descanso (recuperación natural) por los agro-químicos. Salvo algunas excepciones, esta alternativa ha logrado paliar temporalmente la limitante edáfica, pero en el mediano plazo es incapaz de resolver cabalmente el problema. Por el contrario, los resultados han sido una pérdida total del suelo (pues el fertilizante químico sólo logra restituir algunos elementos inorgánicos, no los elementos vivos del suelo), la consiguiente contaminación química y una creciente dependencia de los productores hacia insumos industriales externos.

El segundo problema a resolver para lograr el mantenimiento exitoso de una parcela agrícola en el trópico húmedo es el de las malezas, un asunto que la modernidad agroindustrial resuelve de nuevo con el uso de herbicidas químicos. La investigación agroecológica ha mostrado que aquellas parcelas agrícolas rodeadas de selvas secundarias (acahuales) o aún mejor , de selvas primarias o maduras, en general presentan baja o nula competencia con malezas, que las parcelas situadas lejanamente del área forestal o, peor aún, ya sin superficies forestales. En otras palabras, la presencia o ausencia (y su distancia) de masas de vegetación circundantes o vecinas a los campos agrícolas es un factor determinante en la abundancia o escasez de malezas.

La explicación se encuentra en el reservorio o de semillas alojadas en los suelos o propagadas desde las áreas forestales, y a través del cual se realiza la regeneración de las selvas, un tema en el que la investigación ecológica mexicana ha logrado contribuciones decisivas con reconocimiento mundial. En efecto, la velocidad y dirección del proceso regenerativo de un área denudada depende no sólo de las semillas que se encuentran latentes en el suelo, sino de las especies que van colonizando esa área conforme pasa el tiempo y que provienen de la vegetación circundante propagadas por el viento y especialmente por aves, murciélagos y otros mamíferos no voladores.

Investigaciones realizadas en varias partes del mundo, incluyendo la Selva Lacandona[77], han mostrado que la lejanía o ausencia de masas de vegetación forestal tienden a dejar suelos dominados por semillas de hierbas (en detrimento de arbustos, árboles, bejucos y lianas), una buena parte de las cuales terminan por convertirse en malezas. Por lo anterior, ahí donde el paisaje se encuentra dominado por áreas agrícolas o peor aún, por pastizales, la competencia de los cultivos agrícolas con la malezas se volverá álgida, en tanto que en espacios donde prevalezcan mosaicos formados de áreas agrícolas, pecuarias y forestales (y donde preferentemente dominen éstas últimas) el problema de la competencia estará atenuado o minimizado.

En conclusión, el aprovechamiento del proceso de sucesión o regeneración ecológica, que es un mecanismo natural intrínseco de todo ecosistema y que adquiere su máxima expresión en las regiones tropicales húmedas, promovido y facilitado por el diseño espacial (la cercanía o vecindad forestal de la parcela agrícola), constituye la estrategia ecológica más adecuada para realizar una agricultura tropical de manera exitosa. Este hecho fue, y sigue siendo, percibido por la sabiduría indígena mesoamericana.

Según los agricultores indígenas, «...el descanso permite que la tierra se recupere después de un período de cultivo continuo y genera una gran cantidad de basura (*tasol* en nahua) que «se convierte en suelo», «penetra la tierra» al pudrirse y mantiene el suelo húmedo, frío o fresco (*cece* en nahua). El descanso es ayudado por especies vegetales «frías» que «dan vida al maíz», «ablandan» el suelo, y «hacen fluir los jugos de la tierra». En contraste, plantas «calientes» como los zacates «secan y endurecen» el suelo. Los campos en descanso se denominan «casas de maíz» en popoluca (*poc tui*), en clara referencia a la relación entre el descanso y las futuras cosechas. En conclusión, «...la recuperación del potencial agrícola mediante el descanso es percibida por los agricultores como un proceso de «curación»

---

[77] Quintana-Ascencio, et al 1996.

logrado mediante una combinación balanceada de «lo frío y lo caliente»[78].

Este primer reconocimiento no resuelve, sin embargo, el problema de la trashumancia de la parcela; es decir, su carácter efímero en el tiempo y en el espacio, lo cual condena a la milpa a ser una agricultura extensiva. ¿Cómo entonces lograr la intensificación (o sedentarización) de la parcela agrícola de una manera ecológicamente adecuada?

La respuesta a lo anterior ha sido el descubrimiento, esta vez contemporáneo, realizado por la sabiduría indígena mesoamericana de lo que hoy se conoce como la *revolución de los abonos verdes*, es decir, el empleo de plantas de la familia de las leguminosas en las milpas tropicales[79]. Estas plantas tienen la virtud de aportar grandes cantidades de nitrógeno al suelo, además de otros importantes sevicios (véase más adelante), por lo que logran la manutención y el incremento productividad de los suelos de las milpas reduciendo e incluso eliminando los períodos de descanso. Aunque se conoce una docena de estas plantas aboneras, la que más se ha difundido en los últimos años y la que produce los mejores resultados es la llamada «pica pica mansa» , «nescafé» o «frijol terciopelo» (*mucuna pruriens*), que es una vigorosa trepadora originaria de la India o China. Esta planta fue extensivamente cultivada en el sur de los Estados Unidos durante los inicios del siglo, y después abandonada y finalmente olvidada frente a la intempestiva llegada de los fertilizantes químicos. Llevada por las compañías transnacionales bananeras hace medio siglo a Centroamérica como forraje de mulas, la planta fue rescatada por campesinos centroamericanos por sus atributos fertilizadores. De ahí la planta se difundió como parte de la cultura indígena campesina y pasó a los kekchi de Guatemala para ser apropiada y por ellos también difundida por los mames de Chiapas, los chontales de Tabasco, los chinantecos y mixes de Oaxaca y los popolucas

[78] Buckles y Perales, 1994:19.
[79] Buckles, 1993; Buckles y Perales, 1994; Jimenez-Osornio, 1996.

y nahuas de Veracruz (anexo 10). Los agrónomos y otros investigadores vinieron a descubrirla hace apenas unos años, y hoy se estima que está siendo utilizada por unos 30 mil productores del área mesoamericana.

Al igual que otros abonos verdes, el «frijol terciopelo» parece una planta traída por los dioses, pues cumple en la milpa las siguientes funciones: es un fertilizante natural (una hectárea produce diez toneladas de materia seca durante un ciclo y el equivalente hasta de ciento cincuenta kilos de nitrógeno), como cultivo de cobertura evita la erosión de los suelos y mantiene la húmedad y mejora la estructura del sustrato, dado que por asfixia evita la invasión de malezas, reduce el número de jornales dedicados a la limpia y ,en muchos casos, elimina la quema (provocadora de incendios forestales). Finalmente, opera también como forraje para bovinos y cerdos, y sus semillas proporcionan alimento como pinole o combinadas con maíz o verduras, y una vez tostadas son una bebida parecida al café (véase el anexo 10). Aunque esta especie comienza apenas a ser evaluada de manera experimental por agrónomos y agroecólogos, los reportes indican que, utilizada como cultivo intercalado o de relevo en las milpas del trópico húmedo, puede *duplicar* o *triplicar* los rendimientos del maíz. De la misma forma, una parcela mantenida con «frijol terciopelo» durante dos años presenta rendimientos equivalentes a un descanso de cinco.

Un segundo problema a resolver en la región de Las Cañadas es el de las parcelas ubicadas en pendientes, algo que suele ser frecuente dada las particulares condiciones topográficas de esa región. El relieve es uno de los factores que más influye en las características o propiedades de los suelos. Por ejemplo, los grados de la pendiente o la posición que ocupa dentro de una ladera son factores que afectan las propiedades de los suelos. En general puede afirmarse que, dados los procesos de transporte y acumulación, los suelos situados en los fondos o pies de laderas tienen tienen un mayor contenido de materia orgánica y de nutrientes que aquellos situados en los dorsos de laderas o en las crestas.

La práctica agrícola sobre laderas es, por lo tanto, una acción que conlleva un alto riesgo de erosión al dejar la superficie descubierta de una pendiente donde el agua corre con mayor rapidez, además de que la menor productividad de los suelos deja rendimientos agrícolas menores a los que logran en las partes planas. Por lo anterior, aunque se debe evitar en lo posible el cultivo sobre laderas, cuando éste se realice debe implementarse tomando las medidas pertinentes para evitar la pérdida del suelo e incrementar su productividad.

Entre las medidas más recomendadas para realizar una agricultura correcta sobre laderas están: 1) la creación de terrazas; es decir, la modificación de las pendientes que permitan la retención del suelo, 2) el surcado en contorno que disminuya la velocidad y rompa la circulación vertical del agua, 3) la creación de barreras vivas (utilizando pastos amacollados, arbustos y árboles), que además pueden surtir de materiales para la creación de compostas o abonos orgánicos. En este contexto, la experiencia ganada por el Centro Campesino para el Desarrollo Sustentable de Tlaxcala resulta decisiva, especialmente el manejo del pasto vetiver en el control de suelos de ladera.

Resueltos los problemas anteriores, se debe evitar la implantación de monocultivos agrícolas; es decir, de parcelas de una sola especie. La experiencia milenaria en el trópico húmedo muestra que la creación de policultivos contribuye a mantener la estabilidad del agroecosistema, reduce la incidencia de plagas y malezas, e incrementa, en última instancia, los rendimientos finales[80].

Los policultivos más complejos han sido documentados entre los lacandones de Chiapas, los chinantecos de Oaxaca y los totonacos de Veracruz. Entre estos últimos, una sola milpa puede llegar a alojar hasta treinta especies[81] junto con el maíz, incluyendo frijol, calabaza y raíces y tubérculos (como el camote, la yuca y la jícama), hierbas

---

[80] Caamal y Del Amo, 1986.
[81] Medellín, 1988.

medicinales, condimentarias o alimenticias (como plátano o caña de azúcar), arbustos (como la hoja santa o la papaya) y árboles (cítricos, mango, zapotes, palmas, guanábanas, etc.). Aquí el reto es lograr milpas multiespecíficas donde se optimice el uso del espacio, la luz y de los nutrientes del suelo para lograr altos rendimientos finales que enriquezcan la subsistencia familiar.

Los cultivos complementarios

En Las Cañadas también se puede y se debe hacer una agricultura complementaria, sea para el mercado, la subsistencia o para el reforzamiento de otros sistemas. Ésta debería de seguir los lineamientos discutidos para el caso de la milpa. Bajo las condiciones del trópico húmedo, las comunidades rurales suelen dedicar parte de su producción agrícola al cultivo de productos comercializables, tales como el chile, el ajonjolí, los cítricos y, especialmente, la caña de azúcar.

De todos los cultivos anteriores, la caña de azúcar ocupa un lugar preponderante, no sólo porque es una de las plantas cultivadas con el mayor índice de transformación de energía solar en biomasa que se conoce, sino porque es capaz de proporcionar toda una gama de productos (figura 5.3). En efecto, esta gramínea ofrece azúcar para el consumo familiar, forrajes para bovinos, caprinos, ovinos, cerdos y patos, energía (a través de la fermentación de los bagazos en digestores anaeróbicos) y también productos artesanalmente procesados para su venta tales como la panela, el piloncillo y el azúcar moscabado o insumos agroindustriales[82]. En este aprovechamiento múltiple de la caña de azúcar, juegan un papel clave los trapiches manuales de pequeña escala utilizados por muchas familias campesinas, cuyo diseño tecnológico debe actualizarse, para hacerlos más eficientes, tanto en términos de la transformación del producto como del esfuerzo humano. Por todo lo anterior, en el diseño propuesto se considera a la caña de azúcar, cultivada ya por numerosas comunidades de Las Cañadas, como una pieza clave.

---

[82] Preston y Murgueitio, 1992.

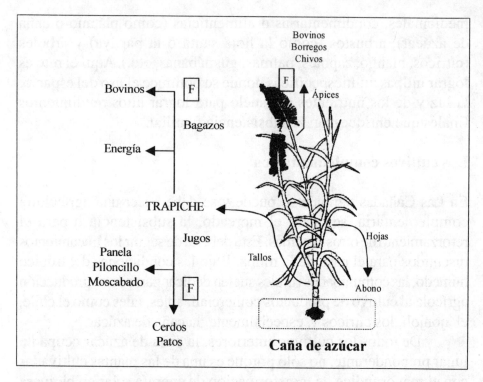

Figura 5.3 Los principales usos de la caña de azúcar. Fuente: Modificado de Preston & Murgueitio, 1992.

La intensificación ganadera

La intensificación de la ganadería tropical es un asunto de importancia estratégica para el país, no sólo porque su uso extensivo ha provocado la mayor catástrofe ecológica de las porciones cálido-húmedas y subhúmedas (como el principal agente deforestador de millones de hectáreas de selvas altas, medianas y bajas), sino porque ha sido el principal detonador de los conflictos agrarios que han tenido lugar en las últimas décadas no sólo en Chiapas, sino en otros estado como Veracruz y San Luis Potosí [83].

En este caso, la tentación por realizar una ganadería extensiva es decir, sobre grandes superficies y con niveles bajísimos de pro-

---

[83] Fernández-Ortiz y Tarrio-García, 1983; Barrera-Bassols, 1992 y 1995; Aguilar-Robledo, 1995.

ductividad, se ve neutralizada al visualizar la práctica ganadera como un segmento más de un sistema mayor (el *modelo ecológico zapatista*). Esto supone alcanzar altos coeficientes de agostadero (número de unidades animales por unidad de superficie) en un mínimo espacio. Al diseño de una ganadería de pequeña escala (aunque altamente productiva), le sigue la necesidad de integrar el sistema ganadero al resto de las actividades productivas (agrícolas, agroforestales, forestales e incluso acuícolas).

Para lograr una ganadería tropical bajo estas condiciones, deben comenzar considerándose las potencialidades y limitaciones que supone la implantación de un potrero, que es el escenario o la unidad espacial donde se realiza esta práctica. Hasta muy recientemente, la investigación aplicada a esta actividad solamente visualizaba a la planta forrajera (en este caso representada por especies de pastos o gramíneas) y al animal (generalmente bovinos para carne y/o leche) como los únicos elementos activos del sistema pecuario, junto con las variables o elementos ambientales (energía solar, temperatura, lluvia). Por ello, toda la innovación tecnológica estuvo siempre dirigida al mejoramiento o bien de las especies forrajeras (agrostología) o bien de las animales (génetica animal).

El enfoque agroecológico ha venido a mostrar, sin embargo, que el suelo, que se había considerado como un sustrato muerto o inorgánico, juega un papel fundamental en la dinámica de todo potrero, dado que los conjuntos de organismos que lo habitan determinan la cantidad y calidad de los nutrientes que hacen posible la vida de las plantas. En esta nueva perspectiva, muchos de los diminutos e imperceptibles habitantes del suelo, anteriormente desdeñados por el interés humano, han pasado a convertirse en elementos protagónicos en el mantenimiento y la productividad de los potreros. Este es el caso de las hormigas, termes, ácaros, colémbolos, larvas de escarabajos y, principalmente de las lombrices de tierra. Estos organismos, junto con los hongos y las bacterias, se encargan de descomponer el material orgánico que se acumula en el suelo en partículas más simples, liberando los nutrimentos necesarios por la planta forrajera.

Por lo anterior, el objetivo de toda práctica dirigida a manejar adecuadamente un potrero, será entonces el de lograr un cierto equilibrio entre el forraje, el animal y la bio-dinámica del suelo (figura 5.4), con el fin de maximizar la eficiencia de conversión de la energía solar (expresada a través del binomio planta-suelo) en productos animales. El secreto para lograr esta alta productividad ecológica del potrero se encuentra en la habilidad del productor para lograr mediante su diseño que el animal extraiga la máxima cantidad de energía solar (representada por la biomasa del pasto) sin afectar la capacidad de recuperación o renovabilidad tanto de la planta forrajera como del sistema del suelo (que aporta los nutrientes requeridos por la planta forrajera). Ello se logra mediante un manejo combinado de las dinámicas de recuperación vegetal y edafológica, y del control de la toma de energía que realiza el animal.

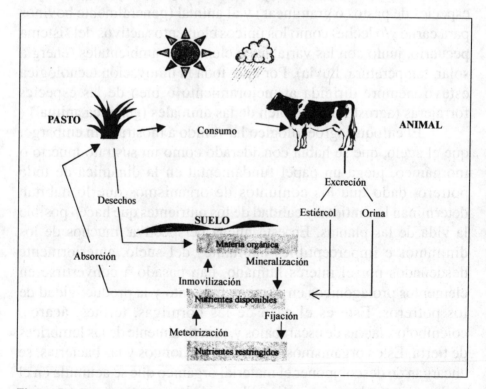

Figura 5.4 Flujos principales de materia y energía en una parcela pecuaria del trópico húmedo basada en el empleo de pastizales. Véase texto.

La clave para resolver esta demanda se encuentra en el llamado *pastoreo rotativo*, que consiste en el traslado permamente del hato ganadero a través de las fuentes disponibles de alimento, una práctica que por cierto ha sido adoptada como una estrategia esencial de las comunidades campesinas e indígenas mesoamericanas desde la llegada de esta fauna con los europeos. Este poner en movimiento permanente al hato ganadero expresa la habilidad del productor para regular el aprovechamiento de la energía solar vuelta biomasa vegetal, a través del animal convertido ya en un instrumento de la producción.

Ello supone planificar el ganado con el objetivo de respetar las curvas de crecimiento de las plantas forrajeadas y los tiempos de recuperación de lo suelos que las nutren. Es decir, el movimiento regulado de la especie animal que forrajea debe permitir tanto el desarrolo de la capacidad fotosintetizadora de los forrajes como de la capacidad de la fauna edáfica para producir nutrimentos en el suelo.

La aplicación de estos principios ha comenzado a volverse realidad en la ganadería mexicana dentro de tres principales ámbitos: algunos productores privados tanto de las regiones tropicales como de las templadas (por ejemplo, la llamada ganadería holística practicada en algunos ranchos del noreste), las prácticas experimentales realizadas por algunas instituciones de investigación, y el manejo realizado en varias comunidades campesinas e indígenas de las porciones tropicales (por ejemplo, comunidades huastecas o totonacas de San Luis Potosí y Veracruz)[84].

En el ejemplo de la figura 5.5, que muestra el caso de un pastizal intensivo altamente tecnificado que se instaló en un ejido de Veracruz, el potrero posee una extensión de nueve hectáreas dividido en cuareenta y cinco parcelas pecuarias de 2 mil metros cuadrados cada una y con una población animal de noventa y cinco novillos cada uno con doscientos kilos de peso inicial. El forraje sembrado es pasto elefante variedad taiwan (*Pennisetum purpureum*), que requiere de cuarenta y cinco días para recuperar su talla después de ser forrajeado[85].

---

[84].Ortiz, 1995.

[85] Canudas, 1995.

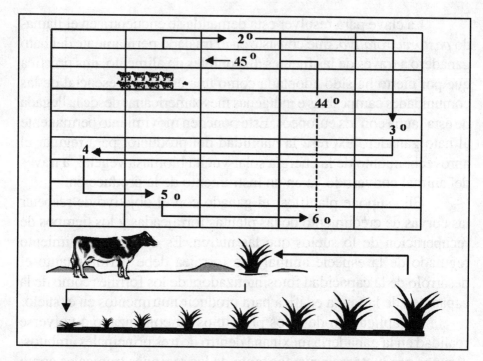

Figura 5.5 Ejemplo de ganadería rotativa o transhumante en el trópico húmedo. La parcela pecuaria de pasto elefante (*Pennisetum purpureum*) tiene un total de nueve hectáreas y ha sido dividida en cuarenta y cinco fracciones de dos mil metros cuadrados cada uno. El hato permanece forrajeando un día en cada espacio, de tal suerte que retorna al sitio inicial cada cuarenta y cinco días, que es justo el período que requiere el pasto para recuperar su talla y volver a ser forrajeado. Fuente: Basado en Canudas (1995).

Por lo anterior, el hato ganadero, se va moviendo diariamente de parcela en parcela, hasta cumplir un ciclo de cuarenta y cinco días, fecha en que regresa a la parcela de inicio justo cuando el pasto ya ha reestablecido la talla adecuada para ser forrajeado. De esta forma, cada parcela es pastoreada por el hato ocho veces al año, con lo que se evitan problemas de compactación del suelo por el pisotéo del ganado. Como contraparte, durante cada visita las reses abonan el suelo a través de sus orines y estiércoles. Dadas las condiciones ambientales del sitio, que abaten el crecimiento del pasto durante los meses de enero a mayo, el ganado recibe además un alimento suplementario en ese período, formado de caña de azúcar mezclada con urea, pollinaza y minerales.

En el ejemplo anterior, el coeficiente habitual de agostadero de la ganadería extensiva se multiplica 5.5 veces (animales adultos de cuatrocientos cincuenta kilos) o hasta 8.5 veces (novillos), presenta una «carga inmediata» de quinientos novillos por hectárea o cien novillos por cada 2 mil metros cuadrados y genera una cantidad anual de carne por hectárea estimada en 2,500 kilogramos. Otros ejemplos elevan la eficiencia 6.5 (Rancho El Zapato, Medellín, Veracruz) ó 2.7 (Ranchos Comala y Bella Esperanza, Tepetzintla, Veracruz)[86] bajo una modalidad campesina que emplea toda una gama de forrajes (leguminosas, esquilmos agrícolas, forrajes verdes), el índice «normal» se incrementa hasta cuatro o cinco veces, como ha sido documentado en algunas comunidades indígenas huastecas y totonacas.

De lo aprendido en las experiencias anteriores, se pueden derivar principios y elementos para diseñar una ganadería intensiva en Las Cañadas. El diseño debe cubrir dos objetivos: la implementación de un potrero ecológicamente adecuado y la garantía de un abasto permanente de forraje proveniente de los otros segmentos del modelo (forrajes verdes de los sistemas forestales y agroforestales y esquilmos agrícolas de la milpa y otros cultivos). Lo primero se puede lograr mediante una adecuada selección y manejo del pasto, el cual puede combinarse con especies de leguminosas y con conjuntos de árboles (forrajeros) alrededor y dentro del propio potrero (árboles de sombra), así como con la elección adecuada del ganado. Por ejemplo, se recomienda utilizar razas criollas de doble propósito; es decir, para carne y leche, pues se ha demostrado su mayor productividad para las condiciones del trópico húmedo[87].

Lo segundo se puede obtener ubicando el área del potrero cerca o próxima a las áreas agrícolas y forestales, así como reconociendo y adecuado en el espacio y en el tiempo la gama de los forrajes complementarios que se encuentran en estos. Por ejemplo,

---

[86] Canudas, 1995.

[87] Preston y Murgueitio 1992.

se sabe que por cada tonelada de grano de maíz se pueden obtener 1.9 toneladas de rastrojo. Dada la baja digestibilidad y el bajo nivel de proteínas del rastrojo del maíz, éste siempre debe ser considerado como un alimento suplementario y, de ser posible, se deben mejorar sus propiedades a traves del molido o ensilado. En el caso de la caña de azúcar, esta planta ofrece forraje a las reses por medio de sus partes apicales y de los bagazos resultantes de su paso por los trapiches. Finalmente, existen muchos recursos forestales que pueden ser integrados a la actividad ganadera como forrajes, incluyendo especies tan promisorias como el «ramón» (ver sección siguiente). En la actualidad, se reconocen noventa especies registradas por el conocimiento indígena de las selvas tropicales maduras y de los acahuales entre las que se incluyen árboles, arbustos, hierbas, lianas y epífitas (anexo 11) y ciento siete especies utilizadas por las comunidades mayas de Yucatán[88].

Los productos de las selvas maduras o primarias (montañas)

El siguiente segmento a incluir en el modelo es el de las selvas maduras o primarias de que dispone una familia (o una comunidad). Se considera una selva primaria o madura como aquella asociación vegetal cuya talla y complejidad estructural sugieren una antiguedad sin disturbio de cuando menos ochenta a cien años. Entre la imagen de la *selva útil* que el pensamiento indígena mesoamericano construye y emplea en su continuo interactuar con la naturaleza, y la *selva como obstáculo*, que es la otra idea que se engendra desde que la modernidad eurocéntrica irrumpió en las regiones tropicales cálido-húmedas de México y el resto de Latinoamérica, se establece una diferencia eco-productiva fundamental.

En efecto, la idea de una selva improductiva propalada por Occidente se ha vuelto cada vez menos sustentable a la luz de las investigaciones etnobotánicas recientes que revelan la enorme variedad de especies útiles reconocidas por las culturas indígenas autóctonas.

---

[88] Flores, 1998.

Por ejemplo, una revisión de estos estudios en México[89], arroja más de mil especies de plantas útiles y más de tres mil productos extraídos de las selvas primarias y secundarias por las comunidades indígenas estudiadas. La misma revisión indica que toda cultura indígena que habita el trópico húmedo, maneja y emplea alrededor de cuatrocientas especies de plantas, incluyendo aquellas localizadas en los huertos familiares y en las milpas y otros campos de cultivo (anexo 12). ¿Cuál es el potencial utilitario de las selvas tropicales con las que interactúan las familias de las comunidades indígenas de la Región de Las Cañadas?

Frente al hecho de que la mayoría de los habitantes de las comunidades de Las Cañadas son de reciente arraigo (es decir, que poseen una experiencia limitada a unos veinticinco o treinta ciclos anuales) y que provienen de contextos ecológicos fuertemente alterados -es decir, deforestados- se puede suponer (con el riesgo de e-quivocarnos) la existencia de un conocimiento limitado acerca de la flora de las selvas locales. Por ello se hace necesario invocar la sabiduría botánica indígena del resto del país; esto es, estamos obligados a echar mano de los conocimientos acumulados por las etnias que habitan un escenario ecológico similar.

Imagínese que se convoca a un conjunto de profundos conocedores de la flora tropical formado por «botánicos» indígenas de las etnias huasteca, nahua, maya, lacandón, totonaca, chinanteca, zoque, otomí y popoluca, para determinar todas las utilidades posibles de las especies de plantas encontradas en las selvas de Las Cañadas. Imagínese igualmente que el resultado de tal encuentro se registra y que los datos de la utilidad de cada especie de planta se guardan en un banco de datos computarizado. Supóngase, por último, que esta información, que es la sabiduría botánica acumulada por las culturas indígenas del trópico húmedo, se hace asequible a los habitantes de las comunidades rurales de la región a través de manuales sencillos y prácticos y mediante la capacitación de «botánicos» locales (digamos uno o dos por comunidad). El resultado sería, de nuevo, el empleo de un conocimiento acumulado por la sabiduría indígena

---

[89] Toledo et al, 1995.

mesoamericana al contexto particular de Las Cañadas; es decir, el flujo horizontal de un *how know* botánico, puesto al servicio de una práctica productiva.

Por fortuna, todo lo anterior (salvo el último paso) fue realizado por el autor y sus colaboradores a través de una investigación sobre la etnobotánica cuantitativa de las selvas tropicales húmedas de México. Tal investigación reveló que de mil seiscientas especies de plantas registradas para la Selva Lacandona (habitando tanto en selvas maduras como en selvas secundarias), cuatrocientas quince tuvieron alguna utilidad para el conocimiento indígena registrado; es decir, ¡una de cada cuatro tienen algún uso! sin embargo, dado que esta cifra resulta poco útil dentro del contexto de una estrategia de uso múltiple a escala familiar (del modelo ecológico zapatista), se debe calcular el número de especies útiles reconocidas por el conocimiento de esas nueve etnias indígenas por unidad de superficie. En este caso se tomó una hectárea de selva primaria o madura.

En la Selva Lacandona, una sola hectárea de selva primaria contiene más de doscientas cincuenta especies de plantas (incluyendo árboles, arbustos y hierbas[90])y entre mil quinientos y dos mil árboles que corresponden a entre cien y ciento cincuenta especies diferentes (dependiendo del tamaño que se tome como referencia). Los resultados (calculados solamente para las especies de árboles) indican que entre un 54 y un 63 por ciento de las especies y alrededor del 60 por ciento de los individuos arbóreos encontrados tienen alguna utilidad potencial, según indica el conocimiento indígena registrado (figura 5.6). Esto le deja a una sola familia de productores entre ciento ochenta y ocho (Bonampak) y ciento noventa y seis (Chajul) productos por hectárea de selva; es decir, en promedio tres productos por cada especie útil. Los productos obtenidos incluyen medicinas, alimentos, materiales para construcción, maderables, combustibles, forrajes, de uso doméstico, fibras, aceites, gomas, venenos, estimulantes, saborizantes, colorantes, insecticidas, ornamentales, aromatizantes, artesanales y melíferas (figura 5.7).

---

[90] Meave del Castillo, 1990.

ÁRBOLES ÚTILES DE LA SELVA LACANDONA

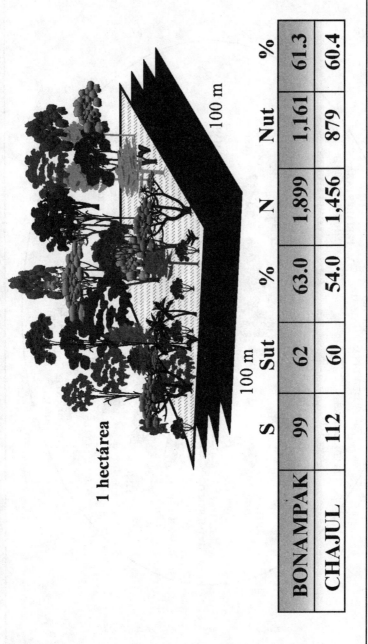

	S	Sut	%	N	Nut	%
BONAMPAK	99	62	63.0	1,899	1,161	61.3
CHAJUL	112	60	54.0	1,456	879	60.4

Figura 5.6 Número de especies (S) e individuos (N) de árboles y de especies útiles (Sut) e individuos útiles (Nut) de árboles en una hectárea de selva primaria o madura en dos sitios de la Selva Lacandona. Fuentes: Batis, 1995, Toledo et al., 1995.

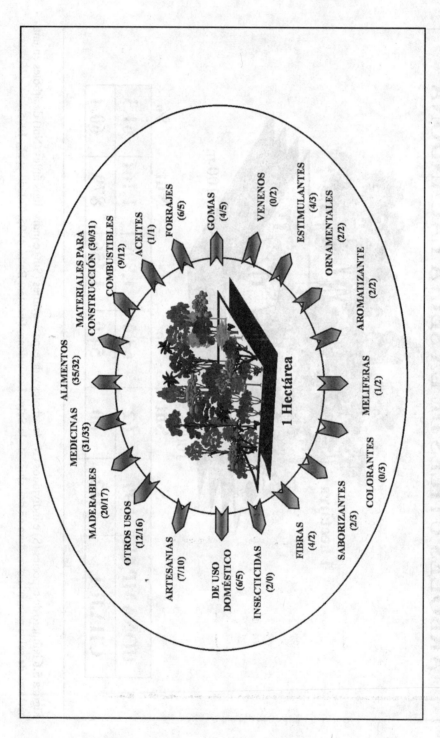

Figura 5.7 Principales «productos» obtenidos de una hectárea de selva primaria o madura en dos sitios de la Selva Lacandona (Bonampak/Chajul). Fuentes: Batis, 1995; Toledo, et al., 1995.

Los datos anteriores sugieren que existe un potencial económico (para la autosubsistencia y para el mercado) en las selvas maduras o primarias, que aún permanece «dormido» y que es necesario aprovechar. Aunque no es posible llegan a cálculos precisos, se pueden adelantar algunas estimaciones. El primer hecho a considerar es la superficie forestal con selvas primarias disponible por familia en el contexto regional, pues la transformación agropecuaria ha dejado sin área forestal (o la ha situado a muy larga distancia) a numerosas comunidades. De acuerdo con el censo de la región, las familias de las comunidades de Estrella, Patihuits y Altamirano no disponen ya de área forestal, en tanto que las de Avellanal y Agua Azul disponen de aproximadamente seis hectáreas y las de Guanal y San Quintín de entre nueve y once hectáreas. Suponiendo un mínimo de entre cuatro y seis hectáreas con cobertura forestal bajo selva primaria (pues en muchos casos al menos dos hectáreas se dedican a la producción de café bajo sombra; es decir, bajo la cobertura ya modificada de los árboles originales), se puede estimar que cada familia podría disponer de entre seis mil y nueve árboles (suponiendo un mínimo de mil quinientos árboles por hectárea). La variedad de productos y sus cantidades que podrían extraerse de este conjunto dependería de cada sitio particular, para lo cual se haría necesario levantar inventarios por comunidad y/o por parcela. Dependiendo de cada contexto, este usufructo podría realizarse de manera familiar (es decir, por parcelas explotadas por cada productor y su familia), o bien en áreas forestales comunales; esto es, compartiendo el esfuerzo y los beneficios de manera colectiva.

En cuanto a la rentabilidad económica, no es posible hacer ninguna cuantificación sin datos de un sitio específico (aunque se cuenta con datos aún no procesados para una hectárea de selva cerca de Ixcán). Tomemos, sin embargo, a manera de ejemplo el caso de una sola especie de árbol harto común en las selvas de Las Cañadas (y en general de México) y acaso el más importante desde el punto de vista utilitario : el *ash*, en lengua maya (o *Brosimum alicastrum* para los botánicos), también conocido como «ojite»,

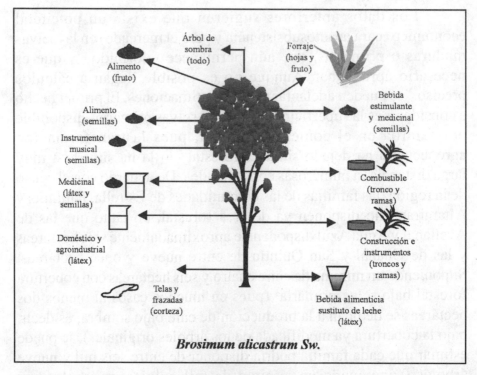

Figura 5.8 Espectro de «productos obtenidos del «ash» o «ramón» (*Brosimum alicastrum*), especie de árbol de las selvas maduras de México. Fuentes: Pardo-Tejeda & Sánchez, 1980.

«ojoche», «oxotzin», «moju», «capomo» o «ramón» en el resto del país. Es esta una especie de múltiples usos (figura 5.8), muy apreciada por los antiguos mayas, quienes al parecer la toleraron y esparcieron. Sus hojas y frutos son excelente forraje para el ganado bovino, porcino, caprino y caballar; el látex se ha empleado como sustituto de la leche, y las semillas asadas se comen como castañas o tostadas y molidas sustituyen al café; el follaje, el látex y la semilla fresca han sido considerados excelentes galactógenos incluso para los humanos; del fruto fresco se puede obtener alcohol o vinagre. Además, es una especie medicinal, pues el látex se usa como calmante del asma, y la corteza en infusión se utiliza como tónico. Finalmente, los troncos y ramas pueden utilizarse para la construcción, la fabricación de herramientas o de muebles. Su mayor atributo es, sin embargo, su alto contenido de proteína (en hojas y fruto), que es ligeramente mayor que las del maíz y el sorgo y, sobre todo, su gran cantidad de triptofano, un aminoácido esencial para la dieta humana poco representado en el maíz[91].

Otro recurso es la palma xate (*Chamaedorea spp*), cuyas hojas son recolectadas por cientos de comunidades indígenas de Veracruz, Oaxaca y Chiapas para su venta y exportación como planta de ornato. De los estudios realizados sobre la apropiación de este recurso vegetal se concluye que una familia que corte palma durante treinta y dos semanas al año, puede obtener un ingreso anual de entre $1,000 y $1,200[92]. En la actualidad existen, investigaciones tendientes a lograr el cultivo de este recurso, un programa que se realiza en comunidades chinantecas de Oaxaca. Otras fuentes de satisfactores de las selvas maduras son, por supuesto, toda la variedad de frutos tropicales, así como algunas especies de importancia agroindustrial como el chicle y la pimienta, recolectadas por numerosas comunidades de Quintana Roo y de Puebla, respectivamente.

Los productos de las selvas secundarias (acahuales)

Se denomina *acahual* (un término indígena nahua) a toda la secuencia de vegetaciones reconocidas desde el momento en que se abandona un predio agrícola o ganadero (o una plantación forestal de especies introducidas) hasta que termina por re-convertirse en un bosque o una selva maduros. Aunque todavía persiste la discusión entre los investigadores, se estima que este proceso tiene una duración de entre sesenta y cien años. Por lo anterior, suelen distinguirse diferentes tipos de acahuales en función de su edad; es decir, de su posición en esta secuencia regenerativa, lo cual se logra a través de su fisonomía y de la composición de sus especies.

Este proceso de regeneración forestal, que es una forma de «cicatrización ecológica», fue y sigue siendo reconocida por los

---

[91] Pardo-Tejada y Sánchez-Muñoz, 1980; Quiroga-Brahms, 1993.
[92] Velázquez y Ramírez, 1995.

productores indígenas de Mesoamérica (y del resto del mundo), quienes han aprendido a tomar ventaja de este fenómeno durante sus actividades productivas (figura 5.9). Los acahuales no sólo son reconocidos, también suelen ser manipulados o manejados por los productores indígenas en un acto en el que se combina la propia fuerza o tendencia de la naturaleza con la acción intencionada del productor. Esta incidencia humana en la sucesión o regeneración ecológica puede tomar la forma de un aceleramiento o mitigación del proceso, de una franca modificación de su curso o incluso de un cambio en el conjunto de sus especies para favorecer por ejemplo, organismos con alguna utilidad. En tal sentido, se trata de un acto de domesticación, ya no de especies sino de procesos, pues se está incidiendo en la evolución de masas completas de vegetación (y su fauna correspondiente).

El aprovechamiento de los acahuales entre las comunidades indígenas de las áreas tropicales de Mesoamérica, es algo que está siendo revelado cada vez más claramemte por la investigación etnobotánica y etnoecológica. Esto ha terminado por desmentir la falsa idea de que las áreas en descanso (los barbechos), que son los acahuales visualizados desde la perspectiva agrícola, son territorios improductivos o deperdiciados por los productores. Por el contrario, la revisión exhaustiva de estos estudios ha mostrado que en México las selvas secundarias, que es el término técnico que recibe todo acahual, proporcionan el doble de especies útiles (quinientas noventa y cinco *versus* doscientas noventa y siete) y de productos (mil seiscientos dieciocho *versus* ochocientas diecinueve) que las selvas maduras o primarias[93]. Algunos estudios sugieren también una distinción del conjunto de especies útiles y de productos derivados de éstas en función de la edad del acahual (véase figura 5.9). Así por ejemplo, el número de productos medicinales parece ser mayor en los acahuales más jóvenes, en tanto que los productos maderables se van incrementando conforme aumenta el número de especies leñosas con la antiguedad del acahual.

---

[93] Toledo et al 1995.

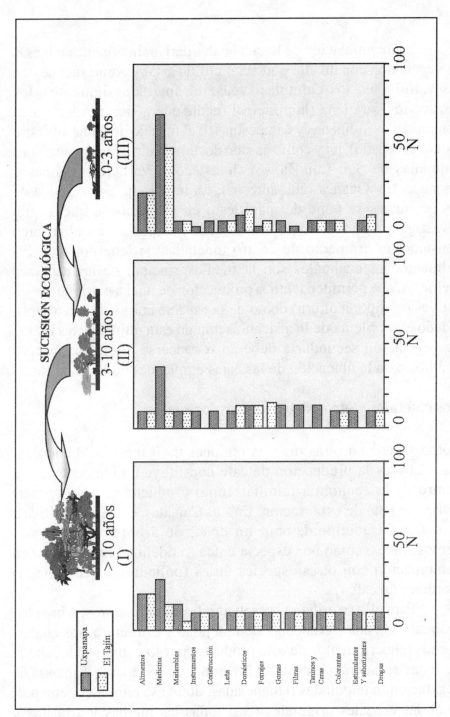

Figura 5.9 El proceso de sucesión o regeneración ecológica según los mayas de Yucatán. Fuente: Basado en Flores & Ucan-EK, 1983.

La manipulación de los acahuales deriva finalmente en masas de vegetación con un alto potencial utilitario tal y como sucede con los vainillales, los cafetales (véase el apartado siguiente), los reservorios para leña (la principal fuente energética de numerosas comunidades indígenas y campesinas) o el manejo de fauna silvestre (como el venado), tal y como ha sido documentado en varias regiones indígenas de San Luis Potosí (huastecos), Veracruz (nahuas y totonacos), y Oaxaca (chinantecos). La importancia energética de los acahuales se pone de manifiesto en el hecho de que, según investigaciones recientes, una familia campesina en el trópico consume un promedio de cuatro toneladas de leña por año. Finalmente, los acahuales son la fuente principal de las especies melíferas, que permiten tanto la producción de miel a partir de abejas nativas (meliponicultura) como de la especie europea (apicultura), y dado el problema de la africanización de esta última, estas masas de vegetación secundaria deberán reconcerse como los nuevos ámbitos para la ubicación de las cajas empleadas en la apicultura.

Los cafetales y otros sistemas agroforestales

Como sucede en otras muchas regiones indígenas de México, en Las Cañadas la producción de café constituye un elemento clave dentro de la economía familiar como producto no sólo comercializable sino de exportación. En Las Cañadas, el café se cultiva a la manera tradicional, bajo un dosel de árboles nativos, sin agroquímicos, como una especie única (modalidad rusticana) o en combinación con otras especies útiles (policultivo tradicional o «jardines de café»).

Para ello se utilizan las selvas o bosques maduros, o bien los acahuales de una cierta edad, complejidad y estructura -los cuales, por los requerimientos de este producto, por lo común se localizan en zonas de ladera o pendiente. En ambos casos se trata de masas de vegetación manipuladas o manejadas, donde se elimina buena parte de las especies originales (casi todas las hierbas y arbustos y algunos árboles) y se introducen otras con alguna utilidad. Por tal motivo, se trata de sistemas agroforestales, en donde se alcanza un cierto equilibrio entre producción y conservación biológica.

Dado lo anterior, los sistemas indígenas o tradicionales de producción de café, conforman hoy en día, diseños de una enorme importancia biológica y ecológica, porque al mantener los bosques y selvas en áreas de ladera, contribuyen a proteger las cuencas hidrológicas, conservan los suelos, mantienen áreas de alta diversidad de flora y fauna, y ayudan a mantener el equilibrio climático de la región y del planeta a través de la capación de la húmedad y de la captura de bióxido de carbono realizada por los árboles y otras especies vegetales[94].

En esta perspectiva, todo intento por «modernizar» o incrementar únicamente la productividad económica de los sistemas cafetaleros, mediante la remoción de los árboles de sombra (y del resto de las especies útiles que acompañan al café), la implantación de monocultivos, y el uso de agroquímicos (fertilizantes y herbicidas), constituye una suerte de *involución* ecológica y productiva.

Por lo discutido anteriormente, el reto para Las Cañadas (y para el resto de las zonas cafetaleras de México y buena parte del mundo), es el de incrementar de manera notable los rendimientos cafeteros sin reducir o afectar la estructura del sistema agro-ecológico tradicional, sin eliminar o abatir el conjunto de especies útiles, y sin rendirse a la tentación de utilizar fertilizantes o herbicidas químicos.

Afortunadamente, los resultados logrados tanto en la investigación agroecológica mexicana (y de otras partes del mundo) como en las experiencias prácticas de los miles de productores indígenas de café y sus organizaciones (encabezadas por la Coordinadora Nacional de Organizaciones Cafetaleras) hacen posible avanzar en la «modernización ecológica». Un primer paso en esta tendencia ha sido dado a través de la generación certificada de «café orgánico», realizada por más de diez mil productores indígenas

---

[94] Moguel & Toledo, 1996; 1999.

(principalmente de Chiapas, Oaxaca y Guerrero), lo que ha situado a México como el primer país productor de esta modalidad de café en el mundo.

Si se toma como punto de partida los altamente diversos «jardines de café», que la creatividad indígena ha generado y mantenido en muchas partes de México (véase un ejemplo en la figura 5.10), se hace necesario lograr altos niveles de eficiencia ecológica, además de altos rendimientos del café y de los productos extraídos del resto de las especies útiles. En otros términos, la «coexistencia pacífica» de varias especies útiles y no útiles o nativas e introducidas en el cafetal, la implementación de mecanismos biológicos de evasión de plagas o la optimización del uso de la luz, los nutrientes del suelo o el agua de lluvia deben combinarse para lograr altas productividades y altos niveles de calidad en el grano del café.

Los avances logrados por investigadores de la Universidad Autónoma de Chapingo y de otras instituciones en el diseño de policultivos cafeteros, o por organizaciones de caficultores indígenas, como la cooperativa Tosepan Titataniske (Unidos Venceremos, en nahua) de la Sierra Norte de Puebla, en el reciclado de la pulpa de café como reservorio para el cultivo de hongos o para la confección de vermicomposta de enorme importancia en la fertilización orgánica de huertos, hortalizas o plantas como la vainilla[95], constituyen ejemplos que apuntan hacia la creación de un modelo de café ecológico o sustentable.

Lo mismo puede decirse de las innovaciones logradas para el «control biológico» de plagas del café. Por ejemplo, hoy en día se cuenta ya con experiencia en el control de la broca del cafeto, que es un coleóptero (*hypothenemus hampei*) que ataca el fruto y acaba por pudrirlo, y que constituye la plaga más importante del café en México. Dicho control natural puede lograrse mediante la manipulación de una avispa africana (*cephalonomia stephanoderis*) que tiene la virtud de sembrar sus huevos en las pupas y prepupas

---

[95] Guzmán & Martínez-Carrera, 1985.

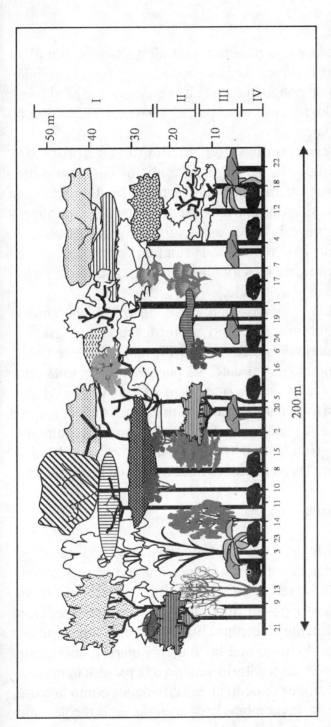

Figura 5.10 Ejemplo de un cafetal bajo sombra tradicional o «jardín de café» en la región Chatina de Oaxaca. El perfil muestra el conjunto de las principales especies de árboles encontrados en un transecto de 200 metros. Los nombres antecedidos de un asterisco son especies útiles. Estrato alto: 1: «carnero» (*Licania arborea*) 2: «chicozapote» (*Manilkara zapota*), 3: «zapote negro» (*Diospyros conzatti*), 4: «guanacastle» (*Enterolobium cyclocarpum*), 5: «mamey» (*Pouteria mammosa*); 6: «palo mulato» (*Bursera simaruba*); 7: «cuapinol» (*Hymenaea courbaril*); 8: «aguacate» (*Persea sp*); 9: «árbol de piedra» (?); 10: «palo murciélago» (?); 11: «mano de danta» (*Didymopanax morototoni*); 12: «fraililló» (*Couepia polyandria*). Estrato medio: 13: «cuil» (*Inga sp*); 14: «mariquita» (?); 15: «achiote» (*Bixa orellana*); 16: «aguacatillo» (*Lauraceae*); 17: «bambú» (*Arundo sp*.); 18: «palo de humo» (?); 19: «palo de cobre» (?). Estrato bajo: 20: «cacao» (*Theobroma cacao*); 21: «guayaba» (*Psidium guayaba*); 22: «naranja» (*Citrus sp*); 23: «plátano» (*Musa sp*.). Café: 24.

(estados larvales) de la plaga para terminar alimentándose de ésta (figura 5.11), o bien a través de la aspersión del bioinsecticida *BIOSEP-23-B*, que es un hongo que ataca a la broca, y que ha sido elaborado y difundido a bajo costo por el Instituto Tecnológico Agropecuario de Oaxaca.

Todo lo anterior indica que, mediante un apropiado mejoramiento tecnológico de los cafetales tradicionales, es posible elevar dos, tres y hasta cuatro veces los actuales rendimientos de café de Las Cañadas (situados entre los cuatro y los siete quintales por hectárea), sin menoscabo de la estructura agroecosistémica, y todo ello sin computar lo obtenido de la flora útil que acompaña a todo cafetal bajo sombra, ni los servicios aún no pagados que estos sistemas ofrecen al país y al mundo.

Finalmente, debe señalarse que, con o sin café, cada familia productora debe contemplar, como parte de su estrategia, el mantenimiento y manejo de sistemas agroforestales. En este caso, sustituyendo o acompañando al café, se pueden incluir toda una gama de árboles tropicales de uno o varios usos, con potencial alimenticio (por ejemplo macadamia, ramón, pimienta), forrajero (véase la sección dedicada a la ganadería), fertilizador (varias leguminosas), energético o agroindustrial (como el hule), cuyo cultivo o manejo es factible para las condiciones de la región de Las Cañadas.

Los huertos familiares

Desde el sureste asiático hasta la hoya amazónica de sudamérica y buena parte de Oceanía, el huerto familiar o solar es una recreación, a pequeña escala, de la selva; es decir, es una especie de selva domesticada. El huerto posee otra cualidad: es una creación predominante o totalmente femenina. En las culturas amazónicas, por ejemplo, es tal el dominio que las mujeres ejercen sobre este espacio, que el huerto es un territorio vedado a la presencia masculina. Y mientras los varones se ocupan de actividades como la caza, la pesca y la horticultura, las hembras se concentran en la recolección y en el mantenimiento y cuidado del huerto.

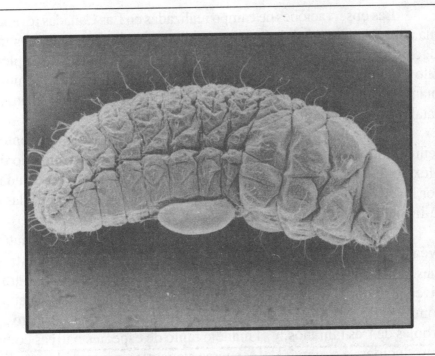

Figura 5.11 Una de las plagas más agresivas de los cafetales es la llamada «broca del café», que es un coleóptero africano (*Hypothenemus hampei*) que destruye los frutos. La difusión de la avispa *Cephalonomia stephanoderis*, que es un enemigo natural de ese coleóptero en su habitat original, permite controlar la plaga. Como se ve en la imagen, que es una microfotografía tomada a través del microscopio electrónico de barrido, la avispa coloca su diminuto huevecillo que mide apenas 0.370 mm de largo por 0.155 mm de ancho, en el vientre de la pupa (estado larval) del coleóptero, el cual termina devorándolo. Cada avispa puede parasitar varias docenas de pupas de la «broca del café» en pocas horas. De esta forma un productor cafetalero puede mantener sanos sus cafetales sin necesidad de acudir a los pesticidas químicos. La evidencia es un ejemplo de cómo procesos microscópicos, prácticamente imperceptibles, de la naturaleza pueden determinar la economía de una familia, una comunidad e incluso de toda una región. Fuente: Tomado de Infante, et al., 1994.

En Mesoamérica sucedió y sucede algo semejante, aunque con una mayor variabilidad. Acaso sean los huertos familiares mayas, como ha sido mostrado por los estudios de numerosos etnobiólogos mexicanos y extranjeros, las formas más elaboradas o sofisticadas de estos pequeños diseños agroforestales.

Las observaciones de campo realizadas en Las Cañadas revelan una ausencia casi total de huertos familiares en las comunidades indígenas de la región, o la presencia de huertos demasiado simples. Ello es explicable en virtud de su corta estancia en el área (de unas cuantas décadas) y probablemente de una falta de tiempo en su ardua batalla por la supervivencia.

La pérdida no es por fortuna irreversible. Los conocimientos acumulados por las otras culturas indígenas del trópico húmedo de México aún están vigentes y han sido ampliamente documentadas por los investigadores, de tal suerte que es posible re-trasmitirlas o re-inyectarlas en la región.

Las investigaciones de los huertos de los mayas de Yucatán (véase Figura 5.12), que quizás son los grandes maestros mesoamericanos de estas prácticas productivas, revelan una gran diversidad de especies de plantas (más de trescientas), una estructura compleja de tres o cuatro estratos que incluyen hierbas, arbustos y árboles de tres tamaños, y el manejo tanto de especies nativas como introducidas. La gama de especies vegetales mantenidas en los huertos incluye una gran variedad de frutos comestibles (anonas, sapotáceas, aguacates, cítricos, mangos, plátanos, tamarindo, etc.), así como plantas medicinales, ornamentales y para otros usos.

El reto es, sin embargo, no sólo reproducir los ensambles mayas, chinantecos o huastecos a la realidad de Las Cañadas, sino la de diseñar, en una síntesis entre la sabiduría indígena y la nueva ciencia de la agroforestería, modelos factibles de alta diversidad, complejidad estructural y rentabilidad económica. El número de especies vegetales que pueden ser incluidas en el diseño es impresionante: existe una lista de trescientas treinta y nueve especies reportadas en una sola comunidad maya y trescientas treinta y ocho en una comunidad de campesinos mestizos en Los Tuxtlas, Veracruz[96].

El reto no sólo incluye un armado adecuado de especies de plantas, sino la inserción a esta escala de especies animales, especialmente cerdos, gallinas, guajolotes, patos, e incluso especies

---

[96] Véase Herrera, 1992 y Alvarez-Buyla, et al, 1989.

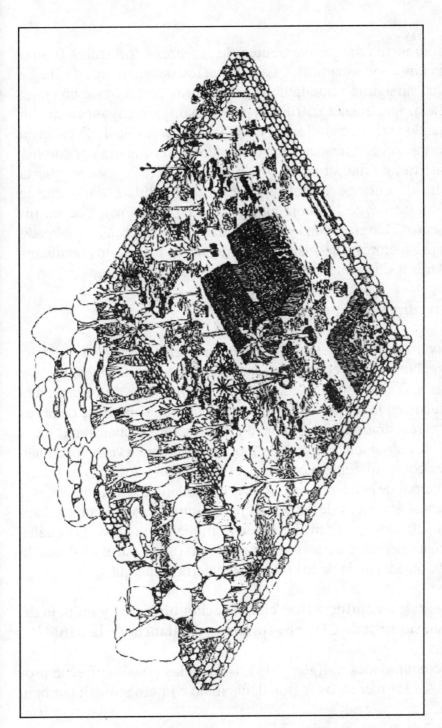

Figura 5.12 Esquema de un solar o huerto familiar maya. Nótense las diferentes secciones del huerto, la gran variedad de árboles y otras plantas y el uso de la piedra como cercado. Fuente: tomado de Herrera, 1992.

semidomesticadas provenientes de las áreas forestales (como tepezcuintles y armadillos). La adecuación de enjambres de abejas nativas sin aguijón (meliponas) productoras de cera y de una miel delicada, igualmente nutritiva y medicinal, y en cuya técnica han avanzado varias comunidades mayas de la península de Yucatán en colaboración con técnicos e investigadores, terminaría por coronar un huerto familiar altamente diverso y productivo. Esta propuesta resulta de enorme importancia en la actualidad, dado que la africanización de la abeja europea (*apis mellifera*), que ha incrementado la agresividad y peligrosidad de esta especie, ha obligado a los productores a desplazar las colmenas de los huertos familiares o solares a sitios más alejados de los hogares campesinos.

Los recursos acuáticos

Todavía un último segmento lo constituyen los cuerpos de agua disponibles a cada comunidad, por ejemplo, ríos, arroyos, lagos y lagunas. Ya se ha señalado la gran abundancia de organismos acuáticos en la región lacandona, por ejemplo, solamente de peces se han registrado treinta y nueve especies, de las cuales más de la mitad se consumen localmente y muchas otras tienen valor comercial, ya sea como alimento o como peces de ornato[97]. Además de peces, los cuerpos de agua ofrecen tortugas, ranas, cangrejos, acamayas, etc. y plantas acuáticas de importancia artesanal. Estos recursos, bien administrados, podrían dar lugar a granjas acuícolas, las cuales podrían integrarse a los sistemas productivos terrestres mediante la conexión adecuada de los flujos de materia y energía.

Los servicios ambientales: conservación biológica y manejo de fauna, captura de CO_2, eco-turismo y vigilancia de la RIBMA

Las comunidades indígenas de Las Cañadas no sólo ofrecen productos a los mercados regional, nacional e internacional; también

---

[97] Lazcano-Barrero y Vogt, 1992.

ofertan *servicios*, muchos de los cuales son disfrutados de manera gratuita por la población no sólo de México, sino de todo el mundo. Por ejemplo, la presencia de masas de vegetación arbórea mantenida por las comunidades como reservas o áreas de manejo agroforestal (como los cafetales bajo sombra) ofrece un servicio a la nación (y al mundo) porque preserva la diversidad biológica, mantienen los mecanismos de captación de agua (cuencas hidrológicas) y capturan bióxido de carbono de la atmósfera contribuyendo así a mantener la salud climática del planeta. Estos servicios deben ser pagados por el gobierno de México y/o de las Naciones Unidas.

En la actualidad comienzan ya a surgir metodologías económico-ecológicas que permiten cotizar por unidad de superficie el servicio ofrecido. Estudios recientemente relizados[98], muestran que una hectárea de selva o bosque en México retiene entre treinta y ciento sesenta toneladas de carbono por año. Este servicio tiene un costo de entre 1,800 y 3,600 dólares anuales. La evaluación anual de cada comunidad y cada productor en Las Cañadas que mantiene áreas forestales debería generar una subvención por parte del gobierno de México.

La otra gran contribución de los habitantes de Las Cañadas debería ser el mantenimiento y vigilancia de áreas naturales protegidas, en una región que, como hemos, visto presenta una muy alta diversidad de flora y fauna. En este caso, se trata de la propia Reserva de la Biosfera de Montes Azules (RIBMA) con la cual no sólo se colinda, sino dentro de la que se encuentran muchos asentamientos humanos. Las selvas tropicales son los máximos reservorios de la diversidad biótica y, por lo mismo, una puerta al pasado biológico del planeta y de los seres humanos. Como ha sido mostrado por algunos estudios, la Selva Lacandona es una región estratégica porque, por razones de su historia y de su geografía, esta región aparentemente operó como un refugio durante los periodos más fríos y secos del pasado reciente (el

---

[98] Adger <u>et al</u>, 1995..

Pleistoceno)[99]. De esta forma, la flora y la fauna de la Lacandona no sólo son las más ricas de todas las selvas tropicales mexicanas, sino que esta zona aloja un conjunto de especies (llamadas endémicas) que sólo habitan en esta región. Salvaguardar la Selva Lacandona significa, entonces, proteger alrededor del 80 por ciento de todas las plantas que existen en el trópico húmedo mexicano (unas quinientas especies), y un número extraordinario de mamíferos (ciento veintinueve especies), aves (trescientas ochenta y ocho), reptiles y anfibios (ciento nueve). A ello habría que agregar algunas singularidades, como el registro del bosque más alto de México (unos 60 metros), o el hallazgo realizado por los investigadores mexicanos Esteban Martínez y Clara H. Ramos de la *lacandonia schismatica*, una extraña planta cuya estructura floral ha atraído la atención de los botánicos de todo el mundo. La conservación de la RIBMA realizada por parte de las comunidades indígenas, debería ser una tarea pagada por el gobierno de México mediante alguna fórmula apropiada, diseñada y pactada con las propias comunidades.

Además de la RIBMA, es posible crear nuevas áreas dentro de la región, que tendrían gran importancia biológica, y cuyo mantenimiento y vigilancia podrían quedar en las manos de muchas comunidades, previo arreglo con las autoridades correspondientes (SEMARNAP). En efecto el diagnóstico eco-geográfico realizado en la región, que hizo evidente la enorme complejidad ambiental y la gran riqueza biológica que caracteriza a Las Cañadas[100], obliga a realizar una urgente y vigorosa política de conservación que permita salvar aquellas porciones de la zona que han resistido al proceso colonizador y que preservan aún sus características naturales. El mismo diagnóstico permite reconocer seis acciones puntuales de conservación biológica en la región (anexo 13). Muchas de estas áreas podrían ser mantenidas por las propias comunidades, a través de actividades reguladas tales como turismo ecológico y cultural o el manejo restringido de fauna silvestre.

---

[99] Toledo, 1982.
[100] Toledo y Carrillo, 1992.

La viabilidad ecológico-económica del modelo mesoamericano

El principal legado de las culturas indígenas de Mesoamérica (y del resto del mundo), provenientes de matrices civilizatorias preindustriales o premodernas, no es solamente el enorme repertorio de conocimientos y tecnologías que hoy se busca con afán documentar, analizar y rescatar. La principal aportación de estas culturas a la actual crisis ecológica del mundo contemporáneo es de carácter epistemológico o filosófico: su manera de relacionarse (material y espiritualmente) con la naturaleza y, consecuencia de lo anterior, la *visión holística* que adoptan para estructurar el conjunto de prácticas productivas.

Dado lo anterior, la principal virtud del *modelo mesoamericano*, que como hemos visto es un diseño inspirado en la visión indígena aplicado a las condiciones particulares de una porción de la Selva Lacandona, es la de concebir el fenómeno apropiativo/ productivo como un juego de opciones productivas de pequeña escala, las cuales se integran para lograr altos niveles de productividad ecológica; es decir, altos índice de conversión de la energía solar en productos, satisfactores, bienes y servicios.

Partiendo del hecho de que, bajo las circunstancias actuales, cada familia de las comunidades y rancherías de Las Cañadas emplea entre trece y treinta hectáreas de territorio bajo una dinámica que tiende a extender, no a reducir, esta superficie, el modelo productivo propuesto, y cuyo potencial fue discutido para cada uno de sus segmentos en las secciones anteriores, ofrece una alternativa de intensificación sostenida que permite reducir esta superficie por familia a sólo diez hectáreas. Ello incluiría un conjunto de siete sistemas, formado por el pequeño huerto familiar y un promedio de dos hectáreas de milpa, una hectáreas de potrero, una hectárea con mosaicos de cultivos complementarios (encabezado por la caña de azúcar), y seis hectáreas con áreas forestales, divididas en partes iguales para una porción con selva madura, otra con cafetal y una última con acahuales de diferentes edades y para fines diversos (reservorios de leña y otros recursos) (véase la figura 5.13).

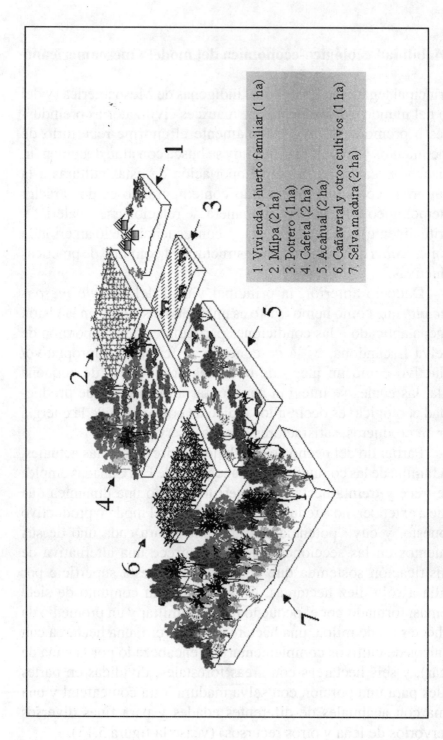

Legend:
1. Vivienda y huerto familiar (1 ha)
2. Milpa (2 ha)
3. Potrero (1 ha)
4. Cafetal (2 ha)
5. Acahual (2 ha)
6. Cañaveral y otros cultivos (1 ha)
7. Selva madura (2 ha)

Figura 5.13 Esquema que visualiza las siete unidades eco-geográficas del modelo mesoamericano que una familia debería manejar con una superficie de diez hectáreas.

La viabilidad ecológica de esta propuesta estaría garantizada no sólo por las ventajas señaladas para cada sistema en los apartados anteriores, sino por las diversas conexiones energéticas establecidas entre aquéllos y los cierres logrados por el reciclaje de muchos materiales en el interior de cada sistema. El primer caso lo ilustran los flujos de los desechos o esquilmos agrícolas o de ciertos materiales vegetales de las áreas forestales hacia el área del potrero (bovinos) o el huerto familiar (porcinos y aves) en forma de forrajes, así como por los servicios ofrecidos por los ecosistemas forestales a las áreas agro-pecuarias en forma de polinizadores, controladores biológicos de plagas, organismos del suelo, lluvias de semillas (capaces de mantener y/o acelerar la regeneración ecológica de los predios deforestados), fuentes para la producción de miel, abonos naturales (hojarascas), estabilizadores del clima y otros. El segundo caso lo ejemplifican la conversión del estiércol y la orina animales en abonos, o los desechos del café en materia prima para la producción de hongos o de abonos (vermicomposta), o la transformación de los materiales de la caña de azúcar en forraje, abonos y energía. La mayor o menor eficiencia de estos procesos es algo que debería de ser evaluado en función de la combinación elegida de sistemas, las superficies de cada sistema y las especies utilizadas en cada caso particular.

La viabilidad económica del modelo eco-productivo propuesto, aunque difícil de ser evaluada con precisión, queda garantizada según lo sugieren diferentes indicadores (figura 5.14). Suponiendo una familia promedio de siete miembros (dos adultos y sus hijos), la estrategia propuesta permite garantizar la subsistencia alimentaria y energética familiar, además de un cierto superávit económico logrado a través de los productos comercializados. Lo primero se logra mediante el abasto de maíz, frijol y otros alimentos a partir de la milpa, leche proveniente del potrero, frutos diversos, hortalizas, huevo, miel y carne de cerdo y de pollo del huerto familiar, así como miel y otros alimentos de las áreas forestadas y azúcar del cultivo de caña. Se estima que el empleo de abonos verdes permite incrementar los rendimientos de maíz en 1.5 toneladas para el cultivo

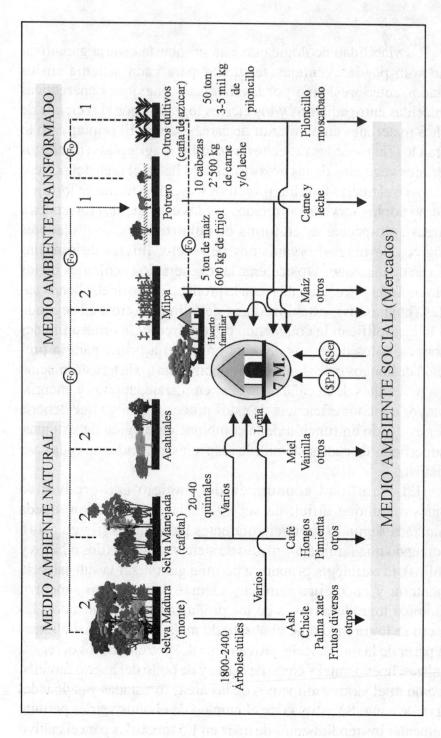

Figura 5.14 Síntesis de los principales flujos ecológico-económicos (productivos y monetarios) del modelo ecológico mesoamericano para una familia promedio de siete miembros (véase texto).

de temporal y en una tonelada para el de invierno, dejando 2.5 toneladas por hectárea al año; es decir, cinco toneladas para las dos hectáreas, lo cual resulta más que suficiente para alimentar a la familia y deja un excedente para su venta a los mercados. Dentro de la dieta rural mexicana, el maíz representa nada menos que el 71 por ciento de la energía y el 65 por ciento de la proteína consumida. En el caso del frijol se estima una producción de 600 kilogramos al año, una cifra que casi triplica los promedios actuales.

La monetización de la economía familiar se obtiene mediante la engorda de novillos (hasta diez por hectárea) y su venta posterior, la producción de leche, la venta de café (estimado en treinta a cuarenta quintales anuales para las dos hectáreas), maíz (unas 3 toneladas anuales), palma xate (dos mil varas o diecisiete gruesas al año) y eventualmente, de otros productos tales como miel, piloncillo, moscabado, cerdos, y frutos diversos del huerto y de las áreas forestales. Además de lo anterior, se debe contemplar un pago por servicios ambientales; por ejemplo, el mantenimiento de seis hectáreas con cobertura forestal o, en los casos que proceda, por cuidado y vigilancia de áreas naturales protegidas, así como ingresos provenientes de actividades como eco-turismo o educación ambiental.

Un aspecto fundamental que debe resolverse son los rendimientos que cada sistema genera por unidad de trabajo familiar invertido. En efecto, bajo una estrategia de uso múltiple, como la que se propone, resulta esencial optimizar el esfuerzo limitado de los miembros de la familia, medido en el número de jornales al año empleado para cada actividad. Por ejemplo, se debe buscar evitar los traslapes temporales de las actividades más intensas en cada sistema o segmento, de tal suerte que es necesario racionalizar el calendario de cada una de las actividades en función del conjunto.

Este esfuerzo también debe realizarse de acuerdo con las diferentes ofertas de mercado que existan para los productos que la familia genera. En este sentido, será necesario contar con un módulo técnico por comunidad que asesore, a través del uso de las computadoras, a cada familia tanto con información económica (situación de mercados, vías de comercialización, etc.,) como con propuestas de microplaneación de la economía familiar. En esta perspectiva, quizá sea necesario combinar labores exclusivamente familiares con actividades multi-familiares o comunitarias. Todo ello, sin embargo, deberá ser parte de un plan de manejo comunitario, discutido y consensado por todos los miembros de la comunidad.

La viabilidad espacial o eco-geográfica del modelo mesoamericano

El modelo mesoamericano, que es una manera particular (una estrategia) de utilizar los recursos naturales de los ecosistemas tropicales húmedos, se ve dinamizado cuando se lleva a los escenarios (eco-geográficos) particulares y concretos de la región de Las Cañadas, cuando se ubica e implementa en sus diferentes paisajes. Se denomina paisaje a la unidad biofísica resultante de las dinámicas naturales y antrópicas (la acción humana sobre la naturaleza) que existen en un determinado territorio. Los paisajes son el resultado de la heterogeneidad del relieve, de la distribución de las asociaciones vegetales (el tapiz de vegetación), del desarrollo de los mosaicos de suelos, de los regímenes climáticos prevalecientes y, en fin, de las múltiples intervenciones humanas

En una región fisiográficamente tan compleja como Las Cañadas, el primer elemento de variación microrregional es, por supuesto, el relieve. En esta región pueden distinguirse hasta seis diferentes unidades de relieve: planicies y valles en las partes bajas, lomeríos y laderas en las zonas intermedias, mesetas y crestas en las porciones altas. Como resultado de su relieve accidentado, la región en su conjunto presenta sólo un 10 por ciento de su territorio en planicies y un 7 por ciento en valles. En contraste, el 43 por ciento son laderas (y un 20 por ciento presentan pendientes moderadas a fuertes) y casi un 30 por ciento son mesetas de difícil acceso[101]. Dado lo anterior, la mayor parte de los asentamientos humanos se

---

[101] Toledo y Carrillo, 1992.

ubica en las porciones menos accidentadas de las tierras bajas, en climas francamente cálido-húmedos y donde predomina una vegetación de selva alta o mediana perennifolia y subperennifolia. Esta situación explica, y en cierto modo justifica el haber circunscrito la construcción del modelo mesoamericano para las porciones tropicales cálido-húmedas (generalmente por debajo de los mil metros de altitud), no obstante que en la región también existen condiciones templadas húmedas y subhúmedas, en cuyo caso la estructura del modelo se debe adaptar realizando los ajustes pertinentes.

Dentro de este panorama, cada microrregión presenta una particular combinación de unidades de relieve, dando lugar a escenarios eco-geográficos diversos y hasta contrastantes y a diferentes dinámicas de paisaje. Por ejemplo, mientras que el territorio de la microrregión de Altamirano está dominado por laderas moderadas a fuertes (el 50 por ciento), el de Betania presenta un 60 por ciento de planicies, y en Estrella dominan los lomeríos (en un 64 por ciento). Por su parte, en Patihuits predominan las laderas (44 por ciento), seguidas de las mesetas de disección fuerte (23 por ciento) y de los lomeríos (20 por ciento), mientras que en Agua Azul dominan las mesetas (44 por ciento).

Lo mismo puede decirse del grado de transformación ecológica que ha experimentado cada microrregión, pues existen diversos niveles de deforestación o remoción de la cubierta forestal, lo cual repercute de manera diferente sobre la dinámica particular del espacio. La introducción de los otros factores del medio físico-biológico (clima, suelos, hidrología, vegetación), así como del análisis de la situación ecogeográfica que guarda cada microrregión como resultado de la acción antrópica, es posible acceder a un diagnóstico bastante preciso del «estado de salud» que presenta cada territorio a escala microrregional. Ello es el resultado de evaluar la situación que guarda la *dinámica espacial* en cada región, lo cual a su vez resulta del balance particular que existe entre los flujos (tanto verticales como horizontales) de materia y energía; es decir, de la interacción entre la *morfogénesis* y la *pedogénesis*.

Por ejemplo, una pendiente acusada con aguaceros torrenciales y suelos de deficiente estructura favorecerá la morfogénesis, pero serán desfavorable a la pedogénesis. Por lo contrario, una cobertura vegetal cerrada, espesa, con un estrato bajo muy abigarrado, de pendientes suaves, una lenta destrucción de la materia orgánica y lluvias poco intensas, son favorables a la pedogénesis. Por lo tanto, el tipo de relieve, el clima, la cobertura vegetal y la estabilidad estructural de los suelos desempeñarán un papel crucial en estos balances, en tanto que la acción antrópica tendera a modificarlos en diferentes grados y con mayor o menor rapidez. Llegamos así a un esquema conceptual, en el que la particular configuración del paisaje o del territorio, junto con el grado de modificación ecológica sufrido por acción de las actividades productivas humanas, permite distinguir diferentes niveles de estabilidad en la dinámica de los paisajes o territorios naturales. Así, se pueden establecer tres tipos de situaciones: *medios estables*, cuando el balance favorece la estabilidad; *medios inestables*, cuando se tiende a romper el equilibrio natural; y *medios frágiles*, cuando existe un precario balance. De esta forma se articula el estado natural (intrínseco) del territorio con su grado de transformación antrópica. El resultado final de la aplicación de este análisis integrado es la generación de criterios clave, de enorme utilidad en la planeación del espacio o territorio. Ello permite predecir, con base en el análisis detallado de la dinámica de construcción del paisaje natural, la reacción del medio a los diferentes tipos de uso (agrícola, pecuario, forestal, agroforestal) así como descubrir los factores limitantes a cada tipo de producción.

Dentro de la perspectiva anterior, el modelo propuesto -que en el fondo es un mosaico productivo- resulta adecuado para adaptarse a las complejas situaciones eco-geográficas de Las Cañadas. En tal sentido, la presencia de pequeñas superficies agrícolas o pecuarias combinadas con áreas de tamaños equivalentes bajo cobertura forestal, facilita el *equilibrio espacial* o del paisaje. Cada comunidad deberá entonces producir su propio ordenamiento territorial atendiendo tanto a las particulares condiciones eco-geográficas y bio-físicas del territorio comunitario como a los arreglos espaciales de cada unidad de producción familiar.

Geomática y autonomía indígena: el ordenamiento ecológico del territorio

Dado que el modelo se ha diseñado a una escala de unidad productiva; es decir, familiar o doméstica, deben contemplarse sus adecuaciones en el espacio en función de por lo menos otras dos escalas: la comunitaria (agregación de núcleos familiares) y la microrregional (agregación de comunidades). Ello requiere de un esfuerzo de coordinación que rebasa las capacidades actuales de las comunidades y sus organizaciones. Para lograr esto, los pueblos indígenas de varias partes del mundo se han visto favorecidos en sus luchas por el reconocimiento, control y manejo adecuado de sus recursos naturales con la aplicación de las nuevas tecnologías de información digitalizada. A este conjunto de instrumentos, que incluye el uso de imagenes de satélite, videos y fotografías aéreas, geo-posicionadores (GPS), levantamiento de mapas (cartografía), empleo de computadoras y sus accesorios, se le conoce como *geomática*, y deriva en la construcción de los llamados *Sistemas de Información Geográfica* o SIGs. Los SIGs permiten contar con una síntesis adecuada de información remota y del terreno a partir de la cual es posible tomar decisiones acerca del mejor uso del espacio por parte de una o un conjunto de comunidades. Hacia 1995, existían unos sesenta proyectos en veintitrés países en los cuales las comunidades indígenas utilizaban esta tecnología para la defensa o consolidación de sus territorios y recursos naturales[102].

Este ejercicio conduce, ineludiblemente, a lo que técnicamente se conoce como el ordenamiento ecológico del territorio, que es una modalidad de planeación que permite empatar las vocaciones naturales de cada paisaje con las necesidades de los seres humanos que lo habitan y lo usufructúan. Es decir, hacen coincidir

---

[102] Poole, 1995.

la oferta ambiental de la naturaleza con la demanda social de sus habitantes. Este debe ser un proceso de planeación participativa, donde las decisiones acerca del ordenamiento ecológico del territorio sean el resultado de un diálogo entre los pobladores locales y sus organizaciones (familias y comunidades), y los "expertos" (científicos y técnicos).

En esta perspectiva, debe señalarse que las culturas indígenas no sólo poseen conocimientos detallados sobre los elementos y los procesos de la naturaleza, también realizan operaciones de síntesis a partir de los diferentes componentes del paisaje para tomar decisiones[103]. La contraparte científica de esta habilidad intelectual de la mente indígena, son justamente los llamados Sistemas de Información Geográfica (SIG), con los cuales los científicos, utilizando una tecnología sofisticada, logran identificar criterios para tomar decisiones acerca de la producción y el manejo del territorio. Es decir, existe una cierta analogía entre las operaciones que realiza todo productor rural y los procedimientos, de esos instrumentos de la investigación científica contemporánea. En el caso de Las Cañadas, existe una conceptualización indígena de los paisajes (figura 5.15), la cual evoca de inmediato la que se logra por la investigación eco-geográfica (figura 5.16).

La creación de un *Sistema de Información Eco-geográfica*, capaz de manejar a través de las computadoras todo un conjunto de variables bio-eco-geográficas y socio-económicas de la región, podría integrarse a partir de tres fuentes principales de información: a) aquélla derivada del conjunto de mapas elaborados para la región que han sido digitalizados; en este caso el sistema ofrecería información sobre relieve, clima, hidrología, suelos, vegetación y especies existentes con potencial económico, b) aquélla derivada del mapa digitalizado sobre el uso del suelo en 1991, que reporta las superficies con cubierta forestal, las deforestadas y las que se encuentran en una situación intermedia o mixta, c) y la información recabada para cada comunidad que ofrece datos acerca del número,

---

[103] Bocco y Toledo, 1997.

el tamaño y la ubicación de los asentamientos humanos (ejidos), origen y antiguedad, etnicidad, pobladores por sexo, datos sobre producción, etc. Ello permitiría sugerir acciones y medidas de desarrollo productivo y de conservación en cada comunidad, que no afecten (o tiendan a restaurar) la particular dinámica eco-geográfica de cada una de las microrregiones.

El resultado final de la implementación del modelo mesoamericano debería ser, a la escala de la región, el de un «jardín productivo» formado de parcelas agrícolas de varias especies, toda una gama de sistemas agroforestales (que incluya café, cacao, cítricos, mango, pimienta, hule, marañon, tamarindo, plátano, macadamia, jobo, tamarindo, artocarpus, palo de balsa), ganadería a pequeña escala e integrada a los sistemas agrícolas y forestales, uso y manejo de acahuales, sistemas agropiscícolas y, por supuesto, uso diversificado de las selvas primarias. En unos cuantos años, un mosaico forestal polícromo debería verse desde el espacio rodeando la reserva de Montes Azules, expresión topológica de la aplicación de esta estrategia y garantía de la supervivencia de aquélla. En fin, el triunfo de una racionalidad productiva y de una filosofía que al aplicarse busca *producir conservando* y *conservar produciendo*.

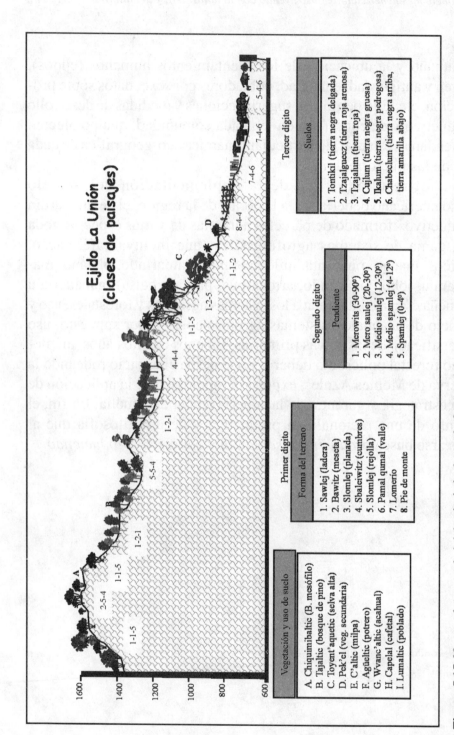

Figura 5.15 Nomenclatura tzeltal del paisaje incluyendo formas del terreno, pendiente, tipo de suelo y vegetación y uso de suelo.
Fuente: Gerardo Ávalos Cacho, investigación de campo no publicada.

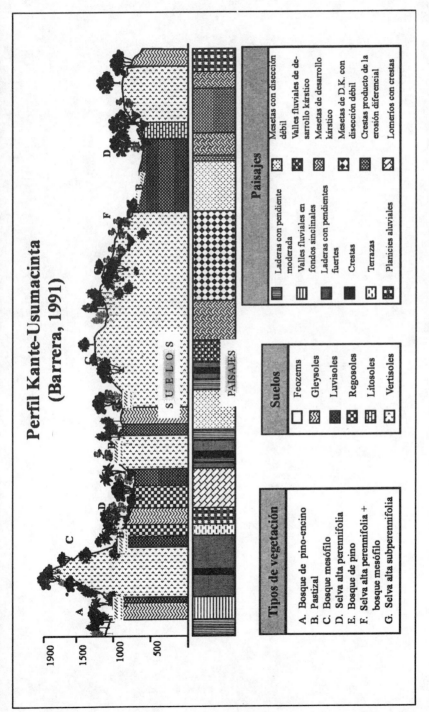

Figura 5.16 Construcción eco-geográfica de los paisajes de una porción de Las Cañadas (perfil Kante-Usumacinta) con base a la vegetación, los suelos y la fisiografía. Fuente: tomado del mapa elaborado por N. Barrera-Bassols (en Toledo y Carrillo, 1992).

VI

Todos para todos: construyendo una modernidad alternariva en la Selva Lacandona

Todos para todos: Construyendo una modernidad alternativa en la Selva Lacandona

En el capítulo anterior hemos propuesto un modelo de apropiación/ producción para las comunidades rurales, basado en las particulares condiciones eco-geográficas de la región de Las Cañadas y en la experiencia acumulada por las culturas indígenas de México que habitan áreas ecológicamente similares. En el fondo, la propuesta es también un acto de recuperación del recuerdo, pues es una manera de rearticular a las comunidades rurales tanto con sus recursos naturales o ecosistemas como con su propia historia cultural. Falta, sin embargo, establecer las condiciones sociales que permitan la puesta en práctica de esa propuesta; es decir, revisar los elementos de organización de las propias comunidades rurales y de sus relaciones con el resto de la sociedad nacional y mundial. Sólo así puede plantearse cabalmente la construcción de una modernidad alternativa, pues aun cuando se trata de una propuesta circunscrita a una región, la primera no puede concebirse separada o aislada del resto del país y del mundo, especialmente en estos tiempos que, como hemos mostrado, ya no es posible abstraerse de un proceso general de globalización e integración (Capítulo 2). El presente capítulo está dedicado a abordar y a analizar estos aspectos.

Construyendo el poder local: el desarrollo sustentable de comunidades rurales

Hoy en día, toda propuesta autogestiva está obligada a ubicarse y definirse en relación al nuevo paradigma de la sustentabilidad (el desarrollo sustentable o la sociedad sustentable), que es la alternativa más robusta y esperanzadora de la actual crisis de la civilización industrial. En un contexto de crisis generalizada y de cuestionamiento a la modernidad engendrada por Occidente, el nuevo paradigma del *desarrollo sustentable*, se vuelve cada vez mas una alternativa concreta y viable. El reto parece gigantesco, pues se deben ofrecer soluciones a varios antiguos -casi eternos- dilemas, como los dejados por la antigua geometría política entre el socialismo y el capitalismo, la brecha entre los valores de Oriente y Occidente, la rearticulación de la producción con el consumo, la conjunción del conocimiento científico con las muchas otras formas de saber popular (sabidurías), la participación consensada de todos los actores sociales y, por supuesto, el reencuentro de la sociedad con la naturaleza.

Desde hace varios años, el desarrollo comunitario ha estado en el centro del interés académico, y numerosas contribuciones se han concentrado en dos aspectos: la participación de los productores y la autodeterminación (o autogestión) local. Aunque para las problemáticas rurales el nuevo paradigma de la sustentabilidad ha sido adoptado más como un factor técnico o productivo con el fin de generar una agricultura sustentable o alternativa, que como una perspectiva integral u holística, es posible construir una propuesta hacia el desarrollo sustentable en cada comunidad. Esto se posibilita retomando un axioma general derivado de la ecología política: contrariamente a lo que se piensa la sociedad, ésta ha ido paulatinamente perdiendo el control sobre los procesos que la afectan, incluyendo sus relaciones con la naturaleza, consecuencia fundamental del triunfo de los valores individuales por sobre la solidaridad, que es la única manera de reconstruir el entramado societario a través de la organización social, productiva y política.

En uno de los ensayos mas lúcidos sobre el tema, Olmedo[104] logró develar las relaciones profundas entre ecología y política: *"Siendo la ruptura una pérdida de control y de dominio de la sociedad sobre su naturaleza podemos entender que la depredación es el efecto de la política en su sentido mas amplio. Por ello la*

[104] Olmedo, 1985.

ecología es siempre política... " *...Esta pérdida de control rompe el ciclo vital que armoniza la transformación de la naturaleza en sociedad y de la sociedad en naturaleza. La reintegración de este ciclo vital implica la reintegración del control y el dominio del individuo, de la familia, del municipio, de la entidad federativa, de la nación en su conjunto sobre su naturaleza y su territorio...* " *...el proceso de centralización despojó a las comunidades locales de su capacidad de gestión y de decisión, la industrialización de un capitalismo salvaje no encontró obstáculos para depredar y contaminar...* "*...si la depredación de la naturaleza es el resultado de la desorganización de la sociedad, de la pérdida de solidaridad social, del triunfo de los valores individualistas sobre los valores de la comunidad, del debilitamiento de la voluntad para oponerse a las fuerzas depredadoras de la economía, entonces la política ecológica debe dirigirse hacia la reorganización de la sociedad, pues la organización es fuente de poder*".

Con base en las consideraciones anteriores, se puede definir un desarrollo comunitario sustentable como aquel *mecanismo de carácter endógeno por medio del cual una comunidad toma (o recupera) el control de los procesos que la determinan y la afectan.* En otras palabras, la autodeterminación o la autogestión, concebida como una «toma de control» debe ser el objetivo central de todo desarrollo comunitario. Se trata, en efecto, de promover la capacidad autogestiva de las comunidades, las cuales han sido entidades reiteradamente expoliadas a través de la historia por los diversos poderes económicos y políticos hegemónicos[105]. Requisito indispensable para la «toma de control» es, por supuesto, la «toma de conciencia» entre los individuos que integran la comunidad, mecanismo a través el cual no sólo se revela una realidad sino que se afirma o descubre una capacidad para transformarla. De la «toma de conciencia» surge, por último, una verdadera ética que permite activar, de una manera cualitativamente diferente, numerosos procesos liberadores.

---

[105] Powelson & Stock, 1987.

El desarrollo sustentable a nivel comunitario: procesos y principios

Toda propuesta acerca del desarrollo contiene una dimensión intangible y una esfera material. En la primera, se agrupan los aspectos referentes al andamiaje jurídico (deberes y derechos), el régimen de propiedad y de acceso a los recursos (dimensión agraria), los rasgos culturales (incluyendo el control y manejo de la información) y las formas de organización y de toma de decisiones. La segunda se encuentra representada por el conjunto de procesos que permiten a los seres humanos producir y reproducir las condiciones materiales de su existencia (dimensión ecológica y económica). Se trata del proceso general del metabolismo entre los seres humanos y entre éstos y la naturaleza, e incluye los procesos particulares de apropiación, producción circulación, transformación, consumo y excreción de productos, servicios y bienes.

Dado lo anterior, es posible distinguir hasta seis diferentes tipos de procesos (véase abajo) por medio de los cuales la comunidad recupera su capacidad autogestiva (figura 6.1). La primera acción que toda comunidad debe realizar es la toma de control de su territorio. Ello implica el deslinde de la superficie que le corresponde, el reconocimiento de su territorio por parte del Estado y de las comunidades o propietarios vecinos, etc. El uso adecuado o no destructivo de los recursos naturales (flora, fauna, suelos, recursos hidráulicos,) que forman parte de su territorio, constituye la segunda toma de control de toda comunidad rural. Ello se logra a través del diseño y puesta en práctica de un *plan de manejo de los recursos naturales,* capaz de normar y regular las actividades agrícolas, pecuarias, forestales y pesqueras que la comunidad realiza. Dicho plan de manejo implica la elaboración de un diagnóstico, un inventario y, de ser posible, la elaboración de un Sistema de Información Geográfica de escala comunal, por medio del cual se logre evaluar la oferta ecológica de los recursos del territorio de la comunidad (microplaneación).

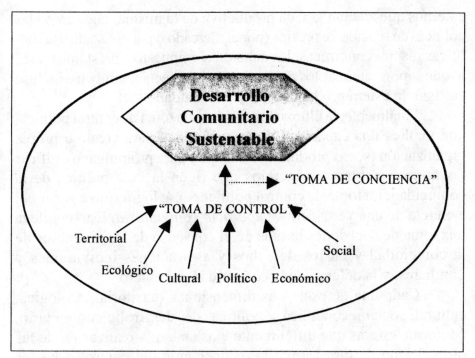

Figura 6.1 Los objetivos del desarrollo comunitario sustentable.

El control cultural, implica el que la comunidad tome decisiones que salvaguarden sus propios valores culturales, incluyendo la lengua, vestimentas, comportamientos, conocimientos, creencias, hábitos, etc. Para acceder a este control la comunidad deberá crear mecanismos que garanticen el rescate cultural y la toma de conciencia por parte de los habitantes acerca de la existencia de su propia cultura (orgullo étnico). El incremento de la calidad de vida de los miembros de la comunidad es una tarea central de todo desarrollo comunitario, y ello conforma la toma de control social. Esto incluye aspectos tales como la alimentación, salud, educación, vivienda, sanidad, esparcimiento e información.

La regulación de los intercambios económicos que la comunidad y sus miembros realizan con el resto de la sociedad y con los mercados locales, regionales, nacionales e internacionales, conforman la toma de control económico. Esto implica el enfrenta, desde una perspectiva comunitaria los fenómenos económicos externos que afectan la vida productiva de la misma, tales como las políticas de fijación de precios (por el mercado o por el Estado), las políticas macroeconómicas, los subsidios, impuestos, préstamos, etc., lo que supone atenuar los mecanismos que afectan, inhiben e incluso castigan la esfera productiva de la comunidad.

Finalmente, la última dimensión es la toma de control político, que implica una capacidad de la comunidad para crear su propia organización (socio/productiva) así como para promulgar o ratificar las normas, reglas y principios que rigen la vida política de la comunidad. La toma de control político no se logra sino a partir del ejercicio de una verdadera *democracia comunitaria*. Esto conlleva una toma de decisiones basada en el consenso de los miembros de la comunidad y en los derechos y aspiraciones individuales y familiares, y la defensa de la comunidad por entero.

Cada una de estas seis dimensiones (territorial, ecológica, cultural, social, económica y política) del desarrollo comunitario, conforma esferas que difícilmente existen sin la realización de las otras. Dicho de otra forma, la recuperación del control debe ser integral o completa; esto es, debe incluir las seis dimensiones aquí reconocidas. Por ejemplo, no es posible mantener y defender la cultura mientras persista un proceso de destrucción de los recursos naturales, lo cual a su vez afecta la calidad de vida de los miembros de esa cultura. Sin embargo, la defensa de la cultura y de la naturaleza, el mantenimiento y/o mejoramiento de la calidad de vida de los miembros de la comunidad (productores y sus familias) y el aminoramiento y/o supresión de la injusticia económica que perpetúa un intercambio económico desigual con la sociedad, se vuelven tareas difíciles de lograr si no existe una verdadera organización política. Por ello, la toma de control político (es decir la *democracia comunitaria*) es, sin duda, la acción nodal de la cual dependen las otras tomas de control de las otras dimensiones.

Estos seis procesos que conforman un verdadero desarrollo comunitario sustentable, sólo se conseguirán en la medida en que los miembros de la comunidad adquieran, acrecienten y consolidan una *conciencia comunitaria*. En la mayoría de los países del Tercer

Mundo[106], las comunidades rurales se encuentran permanentemente asediadas por las fuerzas destructivas del «desarrollo modernizador» (basado en la destrucción de la naturaleza y de la colectividad y en la consagración del interés individualista) que la sociedad industrial, tecnocrática y materialista intentan imponer por todos los rincones del planeta. Por esta razón, el desarrollo comunitario debe tomar en cuenta el estado en el que se encuentra cada comunidad. Así, existen desde comunidades en pleno proceso de desintegración o descomposición, hasta comunidades más o menos organizadas, donde es mas factible realizar un desarrollo autogestivo. En todos los casos, sin embargo, la propia comunidad deberá elaborar como primer requisito un *plan de desarrollo comunitario*, que es el instrumento esencial de lucha y resistencia y el marco a partir del cual se pueden integrar las acciones.

La perspectiva de la ecología política que ubica a las comunidades rurales como células productivas del organismo social, encargadas de realizar la apropiación de la naturaleza o de los recursos naturales (representados por los ecosistemas) a través de las actividades agropecuarias, forestales y pesqueras, permite derivar un conjunto de nueve principios que sustentan las acciones dirigidas a la «toma de control» territorial, ecológico, social, cultural económico y político.

Esta visión sitúa a las comunidades en el centro de la intersección socio-ecológica; esto es, como una entidad tensada por las fuerzas de la naturaleza y de la sociedad. Dicha tensión es el resultado de los intercambios materiales que la comunidad realiza con la naturaleza (intercambios ecológicos) y con la sociedad (intercambios económicos) a partir de los cuales realiza su metabolismo[107]. Estos principios, derivan, a su vez, de la ubicación espacial de las comunidades; es decir, de su comprensión topológica en el territorio planetario. De los nueve principios propuestos, cinco conforman un grupo de *principios prácticos* (figura 6.2), en tanto que los otros cuatro constituyen *principios filosóficos*.

---

[106] Véase el caso de India en Agarwal & Narain, 1989 y de México en Alcorn & Toledo, 1998.
[107] Toledo, 1990.

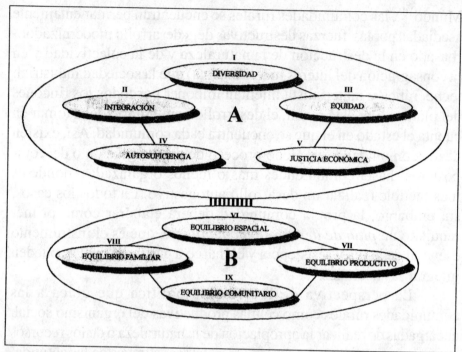

Figura 6.2 Los nueve principios que deben regir el desarrollo comunitario sustentable. Véase texto.

Con la *diversidad* (biológica, genética, ecológica, paisajística, productiva) se trata de afirmar un rasgo inherente al modo campesino de apropiación de la naturaleza que se encuentra en franco conflicto con las tendencias homogeneizantes y especializadoras del desarrollismo que hoy prevalece en buena parte del mundo. Por su parte la *autosuficiencia* (alimentaria, energética, tecnológica, económica, etc.), invocada por numerosos pensadores y filósofos (desde Santo Tomas, hasta Gandhi), supone la mínima dependencia de la comunidad y sus familias de los insumos externos. No se debe confundir con la autarquía (que supone un aislamiento total).

A partir de la *integración* se busca articular prácticas productivas, de unidades de paisaje, de ciclos naturales, que permitan cerrar ciclos y hacer mas eficiente la conservación de la energía solar en «biomasa útil». Presente en la racionalidad ecológica y económica campesina e indígena, este principio tiende a ser soslayado y erosionado por las prácticas dominantes de la modernización que buscan la especialización y la dependencia de las comunidades.

Frente a los numerosos mecanismos externos que promueven la diferenciación social y económica de las comunidades (y que dan lugar a diferentes formas de caciquismo), el mantenimiento de la *equidad* (productiva, de recursos, de participación, etc.) es un supuesto obligado de toda *democracia comunitaria*.

La *justicia económica* está especialmente dirigida a obtener precios justos a los productos comercializados por la comunidad. Este principio busca enfrentar los diferentes mecanismos del intercambio económico desigual, por el cual las comunidades y sus miembros han sido históricamente explotados por los mercados. Se trata de abolir el intercambio desigual entre las comunidades y los mercados (*explotación económica*) con el objeto de evitar el intercambio desigual que ello desencadena entre las comunidades y la naturaleza (o los ecosistemas) (*explotación ecológica*).

Por otra parte, los cuatro principios filosóficos se reconocen alrededor de la idea de *equilibrio*, y sirven de complemento a los cinco anteriores: El *equilibrio espacial*, está fundamentalmente dirigido a lograr y garantizar lo que los especialistas denominan la *estabilidad del paisaje*, a través del manejo armónico de las diferentes unidades eco-geográficas que conforman el territorio comunitario y su integración en los procesos productivos. Es este también un principio inherente de la racionalidad indígena que permite y/o promueve la diversidad biológica y genética y el equilibrio de los flujos de materia y energía de los ecosistemas. Este equilibrio se lograría mediante una distribución equitativa de las áreas dedicadas a la agricultura, la ganadería y la producción forestal en el territorio comunitario. En otra perspectiva, este principio se opone de manera frontal a todo intento por convertir los recursos naturales de la comunidad (que se expresan en su paisaje) en un monótono «piso de fábrica» para la producción especializada (la amenaza del modelo agro-industrial). Todo ello es un requisito para alcanzar los principios antes señalados de diversidad y autosuficiencia.

En el casi siempre ríspido encuentro que se establece entre el *valor de uso* y el *valor de cambio*; es decir, entre una racionalidad productiva exclusivamente dirigida a la subsistencia de los productores y otra que intenta con obsesión volcar todo lo que se produce hacia el mercado, la sabiduría indígena siempre ha buscado alcanzar un *equilibrio productivo*. Se trata, entonces, de adoptar y mantener una estrategia donde el valor de cambio (la producción volcada al mercado) se halle siempre bajo el dominio de los intereses y necesidades de la comunidad. No se trata, por lo tanto, ni de caer en el precipicio de la autarquía (supresión total del valor de cambio), ni en el infierno mercantil de la economía de mercado (supresión total del valor de uso). Este principio aparece entonces como una opción entre la falsa salida de un campesinismo que «salta hacia atrás» y un mercantilismo que busca con denuedo destruir la capacidad autogestiva de las comunidades convirtiéndolas en entidades (productoras y consumidoras) totalmente dependientes del mercado. El equilibrio productivo busca entonces garantizar la reproducción de las comunidades a través de una fórmula en donde la *naturaleza* (los intercambios ecológicos que garantizan la autosubsistencia) opere como una aliada que permita una navegación segura en los «embravecidos mares» del mercado.

Con el *equilibrio comunitario* se busca alcanzar el justo medio entre los intereses del todo y los intereses de sus partes; es decir, entre los derechos e intereses colectivos o comunitarios y los derechos e intereses de las familias/individuos que forman la comunidad. Se trata de evitar los excesos del colectivismo y de aprovechar las ventajas y potencialidades de los individuos y los núcleos familiares, un reto que generalmente es soslayado en las estrategias de desarrollo.

Dado que las familias son las células productivas y sociales de toda comunidad, resulta de enorme importancia garantizar una cierta armonía en la escala familiar. El principio del *equilibrio familiar*, por lo tanto, busca lograr una armonía entre los individuos, los sexos y las generaciones que integran el núcleo familiar mediante la aplicación de normas adecuadas de salud, alimentación, higiene, educación, información y esparcimiento. Sin la aplicación de este principio, que busca el equilibrio de los «ladrillos del edificio» comunitario, toda estrategia de desarrollo está condenada al fracaso.

Las autonomías regionales: una condición necesaria

Si de lo que se trata es de generar espacios donde impere una lógica alternativa y en donde se construyan o recreen nuevas relaciones entre los individuos, y entre éstos y la naturaleza, entonces un obligado acuerdo debe ser la negociación de territorios plenamente autónomos donde los "elementos externos" queden regulados y condicionados por los poderes locales. Estos territorios deben ser áreas bien delimitadas y demarcadas donde sea posible implantar nuevas relaciones sociales y ecológicas entre sus habitantes. Éstos deben estar por lo tanto, territorios controlados por sus propios conglomerados a través de mecanismos plenamente democráticos de consenso y organización, y cuyas «fronteras» no serían las mismas membranas porosas de siempre, sino bordes regulados, en donde el paso de información, productos y seres humanos deberían estar *bajo el control* de las organizaciones locales y regionales, todo ello sin violentar los marcos legales municipales, estatales y federales. Se trata de lograr un equilibrio entre los derechos universales de carácter individual, que son un logro indiscutible de la sociedad moderna, y los derechos colectivos de las poblaciones originales y locales expresados en términos de autonomía territorial y cultural y de autogestión productiva.

No se trata, por supuesto, de propiciar el aislamiento (mediante la búsqueda de una inviable y absurda autarquía), sino exactamente de lo contrario: de alcanzar una región del territorio completamente articulada al resto del país y del mundo, pero donde las articulaciones se encuentren reguladas, para su propio beneficio, por los propios habitantes locales y regionales.

Estas regiones, en realidad, serían verdaderos laboratorios societarios, donde las acciones civiles, gubernamentales y privadas de cualquier índole deberían quedar subordinadas a los objetivos del desarrollo sustentable local (familiar, comunitario, municipal), entendido este como la toma de control (dimensión política) y la toma de conciencia (dimensión ética) de sus habitantes. Si se logra negociar con imaginación y flexiblidad un marco legal que modificando o sin contradecir la legislación imperante permita la implantacion de nuevas reglas del juego productivo, informativo y cultural, esta propuesta que en una primer instancia puede parecer inalcanzable, se torna una propuesta completamente viable.

Dentro de la perspectiva anterior, la búsqueda de acuerdos de paz a través de las negociaciones, implica como primer paso la inmediata desmilitarización de la región de Las Cañadas; es decir, el retiro total de los contingentes de soldados que hoy realizan una virtual guerra de posiciones. Todo lo planteado anteriormente coincide, como un dedo con su anillo, con la propuesta de las autonomías regionales que ha sido el primer objetivo de la negociación entre los rebeldes indígenas y el gobierno de México.

En efecto, "...*según la discusión referida,* -afirma J. Moguel- *la autonomía implica varios niveles: a) reconocimiento de personalidad jurídica para las comunidades indígenas, más allá de lo agrario, en la administración y gestión de recursos en su territorio; b) respeto a los usos y costumbres de los pueblos indios en la elección de sus autoridades y la definición de las políticas que les afecten; c) fin al monopolio de la participación política de los partidos, de tal forma que los pueblos y las organizaciones indias cuenten con la personalidad jurídica necesaria para presentar sus propios candidatos en los distintos procesos electorales; d) creación de la figura del 'municipio con la población mayoritariamente indígena', y la libertad de éste para definir sus formas específicas de gobierno; e) libertad para que los pueblos y comunidades indígenas puedan bautizar o rebautizar a sus municipios; f) posibilidad de que los gobiernos indígenas puedan definir estrategias de integración o de coordinación entre municipios; y g) redistritación, con el objeto de crear una representación política adecuada de los pueblos indios en los Congresos"*[108].

---

[108] Moguel, 1996:46.

Y es que las reivindicaciones, que muchas veces se tornan sofisticadas y hasta etéreas, en torno de los derechos indígenas y las autonomías regionales, incluyendo la secuela de múltiples implicaciones que desencadena en el ámbito nacional, se vuelven concretas, tangibles y terrenales, cuando toman cuerpo en los procesos por medio de los cuales los sujetos sociales producen y reproducen sus condiciones materiales. La vida material soporta las dimensiones culturales, jurídicas o de propiedad, de la misma manera que estas últimos operan como las coordenadas donde ocurre la primera. En ésta perspectiva, la lucha por el control del espacio es, en el fondo, una lucha por el territorio y por los recursos naturales inmersos en el área reconocida, tácitamente o no, como perteneciente a los miembros de una comunidad o de una región.

La idea de las autonomías regionales puede tomar muchos visos y adquirir numerosas peculiaridades jurídicas o filosóficas, pero su realización particular, concreta y específica depende de cómo los conjuntos sociales se articulan, por un lado con los elementos (naturales y espaciales) de su propio territorio, y por el otro, con la sociedad nacional y la esfera internacional y global a través de los mercados y los medios de comunicación.

Sin una idea clara del tipo de desarrollo (familiar, comunitario y regional) requerido para afirmar una mínima independencia respecto de los poderes dominantes (y marcadamente centralizadores), las autonomías regionales ganadas en el campo de las leyes y de los derechos, pueden convertirse en el mediano plazo en una mera ilusión. Esto, por ejemplo, ha sucedido en todos los rincones del planeta con las demandas campesinas por las *reformas agrarias*, pues el derecho a la tierra, una vez concedido, no elimina los mecanismos de explotación y expoliación al que han estado sujeto desde tiempos remotos los campesinados de todas las épocas[109].

Para concluir: se deben visualizar las autonomías regionales no sólo como un conjunto de prerrogativas de carácter legal e institucional dirigido a garantizar autogobiernos y derechos

---

[109] Powelson, 1988; Powelson & Stock, 1987.

culturales, sino también como todo aquel conjunto de mecanismos que facilita el desarrollo sustentable de las familias, las comunidades y los propios conglomerados regionales. Es decir, es necesario levantar como objetivo central y último de la lucha política la implementación teórica y práctica de una modernidad alternativa. Veamos en los siguientes apartados los aspectos relativos a la articulación de las comunidades y sus regiones con las principales instituciones.

Las funciones del Estado

Sería descabellado pensar en una propuesta de autonomía local o regional en la que los conglomerados sociales se vieran excluidos de la acción del Estado. Esta idea, tan absurda como inviable, contradice la pretensión de integrar, no de aislar a las comunidades y sus regiones. La negativa a negociar con las instancias gubernamentales (estatales y federales) conduce a la larga a un aislamiento sin sentido. Por otro lado, las acciones de los diferentes sectores gubernamentales son hoy fundamentales para apoyar obras básicas de infraestructura material y para disponer de servicios elementales en las regiones en conflicto. En efecto, de lo que se trata es de modificar las relaciones asimétricas entre las comunidades y el Estado, el cual ha jugado generalmente un papel asistencialista, paternalista y proteccionista cuyos fines ocultos muchas veces terminan en las urnas.

En la propuesta que se hace, debe prevalecer una relación de absoluto respeto respecto de las decisiones que han tomado por las comunidades y sus organizaciones locales. En esta perspectiva debe implantarse una estrategia inspirada en los principios de la llamada planeación participativa, en la que los órganos del gobierno auscultan, consensan y planifican en función de las necesidades detectadas y los requerimientos demandados por la propia población local. El logro de esta modalidad es por supuesto, una consecuencia del nivel de organización social y política de las comunidades rurales y de su capacidad para imponer sus propias visiones a la participación del Estado.

Las experiencias ganadas en otras regiones del país y del mundo, en las que por diferentes circunstancias la acción del Estado ha quedado subordinada a los intereses legítimos de los pobladores locales de una cierta región, muestran que es posible mediante la negociación de iguales implementar las acciones necesarias. Suele olvidarse que, después de todo, la labor gubernamental no es más que la puesta en práctica de acciones con fondos provenientes de los impuestos de la sociedad.

El papel de los centros de investigación científica y de desarrollo tecnológico

Si el verdadero éxito de la ciencia y la tecnología se mide por sus efectos positivos sobre la realidad humana y social; es decir, por su potencial transformador y no simplemente por el número de sus productos, entonces en la Selva Lacandona las investigaciones científicas y tecnológicas desarrolladas constituyen un tremendo fracaso. En efecto, a pesar de que entre 1900 y 1992 fueron publicados setecientos cuatro trabajos de investigación, mapas y cartas sobre la Selva Lacandona en quince categorías temáticas, la mayoría de ellos en la década de los ochenta doscientas veintitrés publicaciones[110], la situación social y ecológica de la región se fue haciendo cada vez mas crítica.

En realidad, el caso de La Selva Lacandona es un ejemplo sintomático de lo que sucede en la mayor parte del país (y especialmente en sus áreas rurales), pues, salvo contadas excepciones, la investigación científica y tecnológica mexicana sufre las consecuencias de un proceso de extrañamiento que le ha hecho perder su identidad y su significado social dentro de la realidad del país. Este fenómeno fue especialmente inducido en las últimas dos décadas como un reflejo en este sector de la macropolítica gubernamental. De esta forma, los principios más notables de la política neoliberal, que buscan la competitividad de los productos en los mercados internacionales, fueron aplicados al caso de la creación científica y

---

[110] March & Vázquez- Sánchez, 1992

tecnológica de los investigadores mexicanos. Los criterios cada vez más utilizados por las principales instituciones responsables del ramo (CONACyT, SEP, UNAM, IPN, etc.) han sido aquéllos que propician una especialización y fragmentación del conocimiento y que inducen el abordaje de temas sin sentido para las principales problemáticas nacionales. De esta forma, los estilos de investigación del «primer mundo» se volvieron las pautas a imitar en México. En esta perspectiva, la actividad científica y tecnológica termina por perder su sentido social para volverse una labor encaminada a la sola acumulación del prestigio individual o institucional. Esto generalmente ocurre mediante la generación compulsiva de *papers* en las revistas de circulación intenacional; es decir, a través de la convalidación en el mercado internacional de conocimientos. Todo ello independientemente de lo que la investigación contribuye a la resolución de los problemas del país y de sus ciudadanos. Sin la perspectiva del significado social de la ciencia, los reclamos academicistas y productivistas termina convirtiéndose en un conjunto de demandas ilegítimas, cuyo último fin es la satisfacción narcisista de las élites científicas.

Dentro del nuevo contexto planteado en este libro, la investigación científica y tecnológica deberá ser un conjunto de acciones dirigidas a resolver los problemas particulares y concretos que impiden una relación armónica y duradera entre la sociedad (los habitantes locales) y la naturaleza (los ecosistemas y sus recursos potenciales) del espacio regional[111]. En esta perspectiva, la investigación deberá ser ya no un conjunto de acciones espontáneas y desarticuladas, sino una actividad planeada, coordinada, dirigida y controlada por las organizaciones sociales locales y regionales. La investigación científica y tecnológica se torna así en un conjunto de búsquedas que responden a una demanda social concreta.

Debidamente re-contextualizada, la investigación científica y tecnológica se vuelve, entonces no sólo un elemento fundamental, sino *imprescindible* en la creción, implementación y mantenimiento

---

[111] Castillo y Toledo, 2000.

del modelo ecológico propuesto, en la que equipos de científicos sociales y naturales, tecnólogos y promotores enfoquen sus actividades a la resolución de problemas específicos o «cuellos de botella». Para fortuna de todos, hoy existen en el país abundantes reductos donde la investigación científico-tecnológica, muchas veces a contracorriente de las modas recientes, ha logrado avances, a veces notables a veces modestos, de utilidad para la consolidación y perfeccionamiento del modelo eco-productivo propuesto. Una síntesis de estas aportaciones aparece en el anexo 14.

El papel de las organizaciones no-gubernamentales

En la última década se han multiplicado en Latinoamérica y en el mundo las llamadas organizaciones no gubernamentales (ONG´s). En México, las ONG´s ligadas a los problemas ecológicos y sociales del mundo rural suman ya cientos, quizá miles. Su papel ha sido de carácter catalizador, han operado como puentes entre las comunidades rurales y otras instancias nacionales e internacionales, generadoras de conocimiento, tecnología, asistencia social o fondos monetarios.

La participación de las ONG´s en un proyecto de modernización alternativa para la Selva Lacandona puede ser de gran utilidad si éstas se enmarcan dentro del conjunto de objetivos y necesidades establecidos por las propias comunidades y sus organizaciones microrregionales o municipales. Su labor como agentes de comunicación y articulación entre el universo comunitario o local y las diferentes instancias del mundo exterior puede resultar de gran valor en un programa de modernización alternativa que propicie la creación de proyectos productivos, comerciales, tecnológicos, culturales, informáticos, etc. de carácter justo y basado en el trato equitativo y respetuoso de las partes.

La función de los empresarios y de las empresas

Para las viejas ideologías enraizadas aún en tesis del siglo antepasado, incapaces de ofrecer soluciones adecuadas a los conflictos sociales del nuevo milenio, el sector empresarial o privado es un sector que automáticamente se descalifica y se excluye. En la búsqueda de una modernidad alternativa las empresas en cambio están llamadas a jugar un papel central, siempre y cuando éstas enmarquen sus actividades dentro de la nueva fiolosofía de la sustentabilidad. La aparición a escala mundial de un nuevo sector empresarial respetuoso de los procesos de la naturaleza y empeñado en establecer relaciones equitativas y justas con sus contrapartes económicas, certifica la viabilidad de esta propuesta[112]. Esto ha surgido a consecuencia de la adopción de una ética ecológica en sectores que normalmente aparecían como lejanos e incluso contrarios a estos principios.

En la perspectiva anterior, las comunidades rurales de la Selva Lacandona deben tener la capacidad de establecer alianzas comerciales con empresas distribuidoras o transformadoras de los productos generados por ellas. Estos vínculos deben generarse a partir de esquemas verdaderamente justos, donde exista un riesgo compartido y las ganancias repartan de una manera equitativa. Hoy en día, existen empresas interesadas en participar como productoras asociadas, distribuidoras o transformadoras industriales de numerosos productos (como café, miel, frutos tropicales, granos básicos, etc.) bajo principios de equidad y complementariedad productiva.

Las redes de comercialización: mercados alternativos, verdes y solidarios

El modelo de producción propuesto en las secciones anteriores resultará inviable en el mediano plazo si no es complementado por una red efectiva de circulación que logre comercializar una parte sustancial de los productos que genera. No se trata, por supuesto, de oponerse al mercado, pues la circulación de lo producido y la consecuente aparición de la mercancía son logros indudables del

---

[112] Kras, 1994.

desarrollo humano, verdaderas conquistas civilizatorias. De lo que se trata es de neutralizar y finalmente abolir el mercado en su modalidad capitalista; es decir, un mercado distorsionado, violentado, enajenado, por el poder del capital[113]. Con tal propuesta de por medio se debe buscar la implementación de formas socialmente justas de circulación; esto es, circuitos que cumplan la función social de distribuir bienes y productos generados desde sitios remotos.

En la civilización industrial, el aparato circulatorio de la sociedad moderna es como un cuerpo de conductos afectados por la arterioesclerosis. El tránsito de las mercancías, la circulación de los productos desde las esferas de la producción hasta los ámbitos de consumo, es un mecanismo dificultado por los mecanismos parasitarios del capital que busca obtener plusvalor de cada transacción.

En la perspectiva socio-ecológica, lo anterior repercute en el metabolismo general entre la sociedad y la naturaleza porque no sólo retrasa el sano movimiento de los materiales extraídos de esta última, sino que externaliza un mecanismo de explotación, al quedar relegado el sector productivo a un mero conjunto de entidades explotadas por el intercambio desigual.

Marchando a contracorriente de la circulación dominada por el capital, hoy en día existen ya en diferentes partes del orbe circuitos alternativos de comercialización que no responden a las lógicas de la acumulación y del intercambio desigual. Se trata de las redes de co-mercialización impulsadas por grupos de ecologistas y de otros ciudadanos, tales como los mercados verdes y solidarios del café y de otros muchos productos orgánicos. Reducidos todavía a meros canales marginales, estos circuitos alternativos conforman, sin embargo, logros decisivos de diversos sectores de la sociedad civil que vislumbran y preludian las modalidades de un aparato circulatorio para la sociedad postindustrial.

El testimonio de experiencias exitosas no sólo es ya respetable, sino que se incrementa día con día. En Australia, más de

---

[113] Echeverría 1996.

dos mil grupos comunitarios de carácter voluntario, que representan casi un tercio de los agricultores, se hallan comprometidos en la producción y circulación de productos orgánicos. En Japón entre ochocientos y mil grupos, fundamentalmente de mujeres, han logrado crear redes alternativas donde se realizan transacciones personalizadas entre los productores ecológicos y sus consumidores, que involucran a unos once millones de ciudadanos y movilizan anualmente unos quince billones de dólares. La comercialización del café orgánico incluye ya decenas de compañías comercializadoras de EUA y Europa, que llevan café, a precios mas justos desde los países tropicales (donde destaca México) hasta los consumidores del primer mundo.

En este contexto destaca el enorme éxito alcanzado por la última conferencia mundial de la Federación Internacional de Agricultores Orgánicos (IFOAM), que es una organización que incluye quinientas agrupaciones de cien países. Celebrada en Dinamarca en 1996, la conferencia fue presenciada por miles de asistentes, se presentaron cuatrocientas treinta ponencias y su exposición recibió 25 mil visitantes. En algunos países, Suecia o Dinamarca, los productos orgánicos y su comercialización alcanzan ya el 10 por ciento del volumen total agrícola y su expansión sigue un ritmo acelerado.

La implantación de nuevos canales de comercialización que ofrezcan productos sanos y de alta calidad (nutricional y gustativa), de corta durabilidad y a precios accesibles y justos a los ciudadanos de las urbes, es un reto indisolublemente ligado al de los propios productores indígenas de Chiapas. Ello debería motivar la movilización de los activistas urbanos para establecer estos mercados alternativos, a través de redes sociales de vecinos, sindicatos, instituciones educativas, agrupaciones del pequeño comercio (por ejemplo las miles de tiendas naturistas) o de otra índole (como los deudores de la banca agropecuaria en el Barzón), e incluso mediante una negociación adecuada con las grandes cadenas comerciales. Estos mecanismos también pueden activarse a nivel internacional a través de los productos de exportación (como el café, la miel, ciertas maderas, la palma xate, artesanías diversas o el aceite de pimienta).

En suma, la creación de nuevos «mercados verdes», ya no tan insignificantes como parecería, podrían incluir además de los obligados alimentos básicos (como maíz, frijol, trigo o leche), productos tales como café, vainilla, miel, moscabado, panela, piloncillo, chicle, flores, frutos tropicales y templados, pimienta y otras especies, hongos, maderas diversas, plantas ornamentales, artesanías, muebles y otros. En el mediano plazo, después de un período de innovación eco-tecnológica, nuevos productos agro-eco-industrializados podrían sumarse e incluso rebasar a los anteriores, incluyendo la enorme gama de productos farmacéuticos potenciales que encierra la rica flora de la Selva Lacandona. Un sello certificado por el eco-zapatismo podría garantizar la adquisición y consumo de estos productos entre los conglomerados urbanos e industriales que militan, simpatizan o simplemente se solidarizan con los rebeldes indígenas de Chiapas.

La solidaridad desde las ciudades: el papel de los nuevos consumidores

La generación de productos bajo la modalidad ecológica debe desencadenar su contraparte entre el sector de consumidores *urbano-industriales*, pues como hemos señalado no es posible implantar formas alternativas de producción si no se gestan también nuevas modalidades de consumo. Dicho de otra manera, el cambio de actitud motivado por el surgimiento de una conciencia planetaria (por la supervivencia de la especie) entre los productores indígenas (pre-modernos) debe ser correspondido por una toma de conciencia de los consumidores (postmodernos) de las ciudades. Y es que la modernidad alternativa que busca construirse a nivel regional resulta inviable en el mediano plazo si no desencadena una contracorriente igualmente alternativa en las ciudades del país (y del mundo).

El camino mas sólido (y el de mayor grado de dificultad) es aquél que se gesta en torno a la nueva «mercancía ecológica»: un producto arrancado a la naturaleza bajo una modalidad no depredadora y dentro de un marco socialmente justo. Se trata de reconocer la existencia de un nuevo tipo de mercancía imantada ya por la justicia social y el respeto por la naturaleza, y cuyo consumo debe también gestar o afirmar un nuevo «estado de conciencia». En efecto, en esta nueva perspectiva no trata ya de realizar un consumo ciego, neutro, enajenado, sino de asumir dicho acto como una acción no sólo regida por la calidad del producto sino también por la solidaridad con los miembros de nuestra especie, con el resto del mundo vivo y, en fin, con el planeta entero.

En esta búsqueda se deben implantar extensas campañas de concientización, educación y capacitación de los nuevos consumidores, a través las unidades o células políticas neozapatistas en las áreas urbanas, quienes a su vez deberían de operar como los enlaces entre lo producido y los consumidores. Estas campañas no sólo irían dirigidas a los consumidores urbanos (individuos, familias y conglomerados), sino a los complejos industriales. Ello deberá gestar no sólo ciudadanos concientes, sino una industria solidaria con la naturaleza. El caso de Shaman Inc., la primera empresa farmacéutica con conciencia eco-social del mundo, y de otras empresas, bancos e industrias «verdes» son un aliciente cuya experiencia debe ser aprovechada. En México el potencial de los nuevos consumidores se encuentra por todas partes: trabajadores agrupados en sindicatos, ONG`s , escuelas, centros académicos, lugares de trabajo, amas de casa de todos los sectores sociales, asociaciones de barrio, etc.

De la multiplicación de los panes a la reproducción de las regiones

El establecimiento, maduración y consolidación de una «región liberada» en lo que hoy es el territorio zapatista, no es el objetivo final de esta propuesta. De manera paralela, se deberían construir otros espacios similares, donde existen ya condiciones que apuntan en este sentido. En efecto, una revisión de otras áreas campesinas o indígenas del país donde existen impulsos semejantes, deja un total de veintiocho regiones potencialmente liberables, fundamentalmente ubicadas en el sur y centro del territorio nacional (figura 6.3). Estas

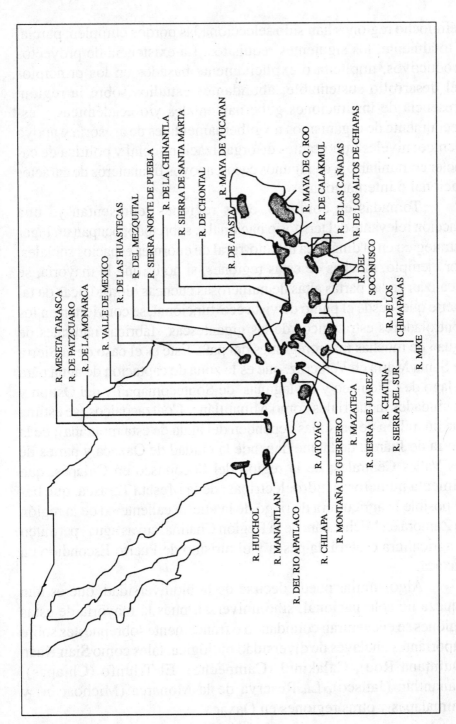

Figura 6.3 Ubicación geográfica de 28 regiones, indígenas y campesinas de México potencialmente «liberables».

veintiocho regiones han sido seleccionadas porque cumplen, parcial o totalmente, los siguientes requisitos: La existencia de proyectos productivos, implícita o explícitamente basados en los principios del desarrollo sustentable; abundantes estudios sobre la región; presencia de instituciones gubernamentales y/o académicas y especialmente de organismos no gubernamentales de asesoría y apoyo técnico; niveles importantes de organización social y política de carácter comunitario y, en algunos casos, apoyos financieros de carácter nacional o internacional.

Tomadas en conjunto, estas regiones representan ya una fracción relevante del territorio nacional y, sobretodo, ocupan un lugar estratégico en la dinámica urbano-rural de enormes espacios sociales. Por ejemplo, muchas de estas regiones, si no es que la mayoría, se localizan en las partes altas de numerosas cuencas hidrológicas de tal suerte que, desde el punto de vista eco-funcional, se convierten en los controladores estratégicos de las gigantescas «fábricas naturales de agua» de muchas macroregiones del país. Este es el caso de la Sierra de Santa Marta en Veracruz, que es la zona de captación de agua para el lago de Catemaco y las lagunas de Sontecomapan y del Ostión y de ciudades industriales como Minatitlán y Coatzacoalcos (se estima que un millón de personas dependen del agua de esta montaña); de la Sierra de Juárez, de la que depende la ciudad de Oaxaca y partes de sus Valles Centrales; de la región del Soconusco en Chiapas, que alimenta numerosas hidroeléctricas; de la Meseta Tarasca, que hace posible la agricultura de riego de la «tierra caliente» o de la región de Zamora en Michoacán; de la Región Chatina, cuyas aguas permiten la agricultura costera, la pesca y el turismo de Puerto Escondido en Oaxaca.

Algo similar puede decirse de la biodiversidad, que es una riqueza no solo nacional, sino universal, pues la mayoría de estas regiones se encuentran colindando o francamente sobrepuestas sobre importantes enclaves de diversidad biológica, tales como Sian Kaan (Quintana Roo), Calakmul (Campeche), El Triunfo (Chiapas), Manantlán (Jalisco), La Reserva de la Monarca (Michoacán) y Chimalapas y otras regiones en Oaxaca.

¿Alguien puede imaginar el poder político acumulado por una treintena de regiones liberadas plenamente autónomas, con dominios sobre extensas superficies de millones de hectáreas y, sobre todo, con el control de recursos estratégicos para el abasto alimentario, energético, hidráulico, atmosférico y material de las ciudades y las industrias?

Todos para todos: construyendo una modernidad alternativa

La demarcación de espacios (geopolíticos, sociales, culturales) que a través de la negociación, la acción política o la movilización social logran súbitamente arrancarse de los mares dominados por la lógica (compulsiva y suicida) de la civilización industrial, constituye en esencia una *revolución*. No se trata ya de cuestionar por la vía violenta o de los mecanismos políticos habituales la legitimidad del poder, sino de comenzar a construir modos de vida alternativos mantenidos no por la fuerza (militar o política) sino por el vigor de una nueva conciencia y el poderío de una nueva moral.

La creación, maduración, consolidación y multiplicación de regiones, esencialmente rurales, que logran arrancarse de la racionalidad apropiativa/productiva, circulatoria, transformadora y consumidora que impone el capital, conforman el impulso inicial de una onda expansiva de transformación social que corre de la periferia (rural) hacia los centros de poder (urbano-industriales); es decir, que va de sectores esencialmente productores hacia esferas de transformación y de consumo. Por ello, se trata de una suerte de «revolución centrípeta» que busca imponer nuevas pautas de comportamiento social y nuevas formas de manejo del poder, a través justamente de la circulación de las mercancías y mediante una rearticulación con las fuerzas de la naturaleza.

Ya no son, por lo tanto, los empecinados intentos de la era industrial por dominar y sojuzgar a la naturaleza los que operan como el centro de gravedad de la vida social, sino una nueva moral y una nueva lógica productiva basada en la armonización de los fenómenos sociales y humanos con los procesos y fuerzas naturales.

Un antiguo aforismo, ignorado o desconocido por Occidente, termina por imponerse: «a la naturaleza solamente se le domina concidiendo con sus leyes»[114], un principio que ha permeado buena parte de las filosofías orientales e indígenas pre-industriales. Dicho en términos de la antigua y aún vigente filosofía andina: los seres humanos y la naturaleza sólo pueden (y deben) mantener una relación de reciprocidad. Se trata, en todo caso, de la descripción de un arreglo que busca, sin sacrificar el desarrollo humano y social, el restablecimiento armónico del metabolismo entre la sociedad y la naturaleza.

Bajo esta más amplia perspectiva, las repercusiones políticas de un núcleo social constreñido a una sola región de México (los rebeldes indígenas de Chiapas), se hacen realidad convirtiendo los circuitos del metabolismo, eterno supremo y general, entre la sociedad y la naturaleza en canales para la edificación de una nueva conciencia capaz de construir un nuevo modelo civilizatorio. Se trata, por supuesto, de un proceso de politización del proceso apropiativo-productivo, que se inicia con la apropiación-producción, sigue con lo que circula y se transforma, y termina con lo que se consume y con lo que se excreta. Por ello, no es una propuesta que se reduce a la sola dimensión productiva, sino que, para ser completada, requiere de su articulación con "los otros"; esto es, con el resto de los sectores involucrados directa e indirectamente y a distancia (comercializadores, transformadores y consumidores).

De esta forma, la dificultad de proyección nacional o internacional de un movimiento social focalizado se ve resuelta por la vía del intercambio material que se da entre los seres humanos y entre éstos y la naturaleza. Se penetra la conciencia de los hombres y de las mujeres, ya no a través de la propaganda política o de los mecanismos de elección de la democracia formal, sino mediante un cambio de actitud frente a los procesos de producción; es decir, a través de un reordenamiento conciente de sus roles como actores productivos (sean productores, circuladores, tranformadores, consumidores y/o excretores). De esta forma, consigue también una

---

[114] Schmidt, 1976.

transformación de la mercancía de una entidad endemoniada bajo las fuerzas del capital en un objeto sublimado por la solidaridad, la ética ecológica y la conciencia planetaria.

Se trata, en suma, de generar esta «revolución centrípeta» que se inicia como una turbulencia desde los sectores productivos rurales y periféricos y que, a través de los productos, los materiales, las energías y los servicios, se interna, se establece, y termina provocando una metamorfosis social en los sectores centrales, urbanos e industriales del mundo contemporáneo. Una revolución que parte de un axioma a la vez tan sencillo como con un alto grado de dificultad: la reactivación de la solidaridad social; es decir, el triunfo de los intereses colectivos o genéricos por sobre los del individuo o del interés privado. En fin, la puesta en práctica de un aforismo central: el de "todos para todos".

VII

La paz como restauración ecológica y cultural

La paz como restauración ecológica y cultural

Si, como se ha mostrado en esta obra, el conflicto de Chiapas es la explosión, a escala regional, de un fenómeno de destrucción cultural (etnocidio) y de dilapidación de la naturaleza (ecocidio), entonces una paz duradera sólo logrará implantarse cuando exista la garantía de que estos dos eventos han logrado desactivarse, neutralizarse y eliminarse. Ello implica, en principio, establecer un doble proceso de restauración regional: de los tejidos naturales de la Tierra y de los tejidos culturales de las comunidades y pueblos. Restaurar es recobrar, regenerar, recuperar, reparar, restituir, restaurar, restablecer. Y en efecto, se trataría de inducir un proceso donde se *recobre* la confianza, se *recuperen* los valores colectivos y culturales, se *regenere* la naturaleza y la conciencia acerca de ella, se *reparen* los sistemas productivos y distributivos, se *restituyan* los derechos de las familias y de las comunidades rurales, se *restauren* las instituciones sociales y políticas locales y, en fin, se *restablezcan* los vínculos que mantienen activo el metabolismo entre la sociedad humana y la naturaleza. Se trata, sin embargo, de un retorno aparente a antiguos equilibrios, pues no se busca una vuelta romántica al pasado, sino el restablecimiento, bajo nuevas circunstancias, de un balance que fue suprimido por el carácter excluyente y depredador de una forma particular de modernización.

Los acuerdos de paz lograrán entonces concretarse cuando los diferentes sectores sociales, hoy en conflicto, identifiquen una vía adecuada de modernización no excluyente ni depredadora, que opere como marco para la negociación y el consenso. La perspectiva adoptada en este libro, más sus propuestas, argumentaciones y evidencias ofrecen una opción para construir un marco apropiado para reanudar los diálogos de paz en Chiapas. La perspectiva tiene la ventaja de situar de nuevo la problemática en la resolución de los problemas locales, tangibles y concretos de los habitantes milenarios de una cierta región y, al mismo tiempo, de ubicar las soluciones como parte de una batalla universal entre la supervivencia y la extinción. La opción ofrece la posibilidad de negociar una vía, original y cualitativamente diferente, de transformación social y natural de la región en conflicto; es decir, una *modernidad alternativa*. Ello significa llegar al consenso de una propuesta integrada de aspectos (y ya no de tópicos que aparecen artificialmente separados, como si el bienestar social de los seres humanos pudiera fragmentarse o dividirse), que además no excluye, sino que integra y compromete a los diferentes sectores sociales del país y del mundo (gobierno, empresas, universidades, centros de investigación científica y tecnológica, ONG´s organismos internacionales). Lo anterior supone el reconocimiento de que la problemática regional no podrá ser superada poniendo de acuerdo solamente a los actores sociales que la habitan, sino que requiere de la participación y solidaridad de otros muchos sectores extra-regionales.

Se trata también de edificar un conjunto de acuerdos basados más en"el hacer" que en "el decir", una modalidad que esta mas cerca de la costumbre indígena que del estilo que predomina en el mundo moderno: "*La comunidad como denominamos nuestro comportamiento, descansa en el trabajo, nunca en el discurso. El trabajo para la decisión (la asamblea), el trabajo para la coordinación (el cargo), el trabajo para la construcción (el tequio) y el trabajo para el goce (la fiesta)*" [115].

Como se ha sostenido a lo largo de esta obra, lo que los pueblos indígenas de Chiapas, de México y del mundo necesitan con urgencia son propuestas de modernización diferentes que no los excluyan, sino que los integren con dignidad y justicia tanto al proceso de integración nacional como al de globalización, con sus diferentes ofertas de información, cultura, tecnología y de intercambio económico. Ello supone, por supuesto, una propuesta que

---

[115] Intelectual indígena J. Martinez-Luna, 1992.

garantice a través de la autogestión política, cultural y territorial es decir, (de la afirmación del poder loca), una inserción favorable a los fenómenos nacionales y globales.

Como ha sido mostrado en esta obra, para el caso específico de los pueblos indígenas de México, esta entrada a la modernidad cuenta con dos "ventajas comparativas" que, por lo común, han pasado desapercibidas en la mayoría de los debates: los riquísimos recursos naturales aún existentes (y que una historia de marginación y de explotación social ha llevado a su deterioro) y la larga experiencia acumulada por cientos, a veces por miles de años de interacción con esos recursos. A lo anterior debe agregarse la existencia de un conjunto de experiencias novedosas en el resto del país (Capítulo 3), de cuyo aprendizaje debe nutrirse toda propuesta innovadora.

Recontextualizar las negociaciones

No puede dejar de señalarse sin cierta perplejidad el hecho de que las negociaciones entre los rebeldes indígenas y el gobierno de México hayan privilegiado los aspectos más abstractos, volátiles y mediatos de la crisis regional (lo referente a los derechos políticos y culturales de las comunidades) y que, en cambio, los asuntos mas terrenales, tangibles e imprescindibles tales como la cuestión agraria, los relativos a los recursos naturales, la salud y la alimentación o la comercialización y la tecnología, hayan quedado relegados (y finalmente suprimidos) de los debates. Contrariamente a lo que sugiere el sentido común, las demandas"superestructurales" precedieron a las "infraestructurales", o si se prefiere, las"celestiales" a las "terrenales". En todo caso, éstas se presentaron como dos esferas de necesidades diferentes e independientes y, por lo tanto, terminaron conformando conjuntos separados de exigencias.

El fenómeno llama la atención, porque si algo preocupa a los conglomerados rurales es la supervivencia cotidiana; ésa que tiene que ver con la defensa de la propiedad y los recursos naturales de los cuales dependen, con el abasto diario de alimentos, agua y energía, con la comercialización justa de lo que se produce. La focalización de las negociaciones del conflicto de Chiapas en los derechos políticos y culturales de los pueblos indígenas, parece más una preocupación surgida de élites urbanas que de productores rurales en crisis con una larga e intensa relación con los elementos y procesos de la naturaleza, el trabajo de la tierra y los intercambios comerciales que surgen intermitentemente de lo que son sus núcleos centrales: sus actividades productivas (agrícolas, pecuarias, forestales, pesqueras, artesanales).

Por todo lo anterior, se vuelve imperativo reformular el carácter de las negociaciones buscando que el objeto central a negociar sea un paquete integrado de demandas; es decir, una propuesta general de modernización. Y es que la autonomía, local o regional, pensada solamente en términos jurídicos o culturales, tiene el enorme riesgo de volverse una liberación ficticia, un logro retórico, si no va acompañada de un proyecto territorial, productivo, tecnológico y comercial de carácter autogestivo. Lo contrario también es válido: no es posible buscar soluciones a problemas concretos de carácter material sin resolver adecuadamente todo aquello referente a los derechos políticos, culturales y de organización de las familias y las comunidades.

Las negociaciones deben entonces retomar (sin omitir los derechos políticos y culturales, la arena de la "política doméstica") la búsqueda de las cosas más simples y cotidianas que, si nos atenemos a los indicadores sobre la situación social de las comunidades indígenas de Chiapas, resultan las más urgentes: letrinas, agua potable, linderos agrarios, sistemas agrícolas adecuados y productivos, medicamentos y clínicas, técnicas para el manejo forestal, escuelas, animales sanos, abasto alimentario, acceso a la información, compradores justos, carreteras. Al fin y al cabo la vida es, por fortuna y por desgracia, más sencilla, corriente y prosaica y menos sofisticada y compleja que la que pregonan muchos intelectuales, especialmente aquéllos que provienen de la tradición eurocéntrica en la que "el pensar" hace tiempo que se escindió de "el hacer", y donde la elaboración del intelecto nada tiene que ver con el bienestar material, pues hace tiempo que les fueron resueltas las necesidades materiales.

Negociar un conjunto completo de demandas significa, en el fondo, defender un proyecto particular de vida; es decir, una modalidad de modernización. Ello supone ser portador de una cierta claridad teórica, de la que hoy se carece, lo cual a su vez permite establecer una cierta estrategia negociadora que deja atrás la limitada, por absurda, posición del "todo o nada", que no hace sino poner en evidencia una debilidad intrínseca, fruto de una falta de perspectiva de largo plazo y de largo aliento. Lo anterior tiene, además, la ventaja de que permite distinguir diferentes niveles de negociación, pues si lo que se defiende es un proyecto particular de modernización construido a partir de ciertos valores que se consideran adecuados, es obvio que existen aspectos de mayor o menor importancia, pues lo que se negocia es una conjunto jerarquizable de demandas. De la misma manera, lo precedente permite reconocer toda una gama de aliados, los cuales pueden identificarse en al menos dos dimensiones: por su importancia en el logro de los objetivos (lo cual permite establecer niveles) y por su permanencia a lo largo del proceso (pueden haber aliados permanentes o temporales y de corto, mediano y largo plazo).

Queda pendiente el delinear, con la mayor nitidez posible, las visiones que se contraponen; es decir, las posiciones que se enfrentan durante la negociación, y esto es a lo que se dedica el apartado siguiente.

Neoliberalismo o sustentabilidad: el dilema del nuevo milenio

En el amanecer del nuevo milenio parecen delinearse dos proyectos de mundo que, en esencia, son dos vías radicalmente diferentes de modernización o, en fin, dos ofertas de modernidad.

La primera de ellas conocida como *desarrollo sustentable*, se deriva de una secuencia de reflexiones de casi tres décadas, y halla una primer expresión masiva en la Conferencia de las Naciones Unidas sobre Medio Ambiente y Desarrollo, celebrada en Río de

Janeiro en 1992. Esta visión tiene sus raíces en los avances teóricos de la ecología política, la crítica científica al optimismo económico y tecnológico, así como en las movilizaciones, experiencias y prácticas de innumerables movimientos ambientalistas y otros movimientos populares (pacifistas y de consumidores) que incluyen campesinos e indígenas de todo el mundo.

Este enfoque enfatiza el uso de la política pública, de la investigación científica y tecnológica y de la acción de los movimientos sociales para preservar el suelo, la energía, el agua y la biodiversidad, y para promover individuos, ciudades, comunidades y regiones económicamente seguros y autosuficientes, así como una industria no contaminante y basada en la adquisición justa de las materias primas. Sus propuestas se basan en una nueva visión de la economía en la que el hogar, tan común como corriente, se vuelve de nuevo el centro y la razón de las racionalidades económicas[116].

Esta visión promueve también prácticas agropecuarias, pesqueras y forestales menos intensivas en la utilización de agroquímicos y energía, de pequeña escala y no especializadas. También impulsa prácticas de mercado que otorguen alta prioridad a la reducción del tiempo, la distancia y los recursos utilizados para transportar alimentos y materias primas entre los productores y los consumidores. Asimismo busca mejorar la frescura, calidad y valor nutricional de los alimentos, minimizando los procesos de transformación, empaque, transporte y preservación.

Igualmente, promueve una industria no contaminante, inspirada en los principios y procesos de la naturaleza (ecosistemas), y capaz ponderar el valor de las materias primas que la nutren y de otorgar seguridad ambiental a quienes trabajan en ella.

Finalmente, impulsa un uso democrático de la información, del capital y de la investigación científica y tecnológica, y procura la toma de conciencia y toma de control de los procesos que afectan a los seres humanos con el fin de incrementar la equidad y la calidad

---

[116] Pietila, 1998.

de la vida humana en armonía con la naturaleza. Se trata, en esencia, de una visión que tiene como fin supremo la defensa de la naturaleza y de la especie humana, y que otorga un papel protagónico a los principios de diversidad, autosuficiencia, democracia participativa (o de base) y solidaridad, y que busca preservar el patrimonio cultural de los pueblos.

Con argumentos basados en las teorías neoclásicas que datan de hace más de dos siglos, quienes sostienen una visión contraria, frecuentemente denominada *neoliberal* o de «libre mercado», persiguen, por sobre todas las cosas, la eficiencia y la productividad económica para ofrecer satisfactores, energía y alimentos. Su principal tesis es que más allá de la esfera política y social, y de las fronteras nacionales, el mercado opera como la fórmula mágica a través de la cual todas las inequidades e irracionalidades que padece el mundo moderno habrán, a la larga, de desaparecer. En realidad esta corriente constituye la «formulación teórica» de la política macroeconómica implementada desde 1980 por los principales organismos financieros internacionales (Banco Mundial y Fondo Monetario Internacional a la cabeza), denominada *programa de ajuste estructural*. A través de estos programas se induce la integración plena de las economías nacionales al mercado global y una tendencia a la homogenidad social y cultural.

Este enfoque propaga y reproduce un modelo productivo basado en una agricultura a gran escala, altamente mecanizada e intensiva en capital y energía, con monocultivos y un uso extensivo de fertilizantes, herbicidas y pesticidas químicos. Por esta razón, en este segundo enfoque prácticamente el total de los costos sociales, ecológicos, culturales y de salud se consideran como externalidades a ser pagadas, en última instancia, por las generaciones actuales y futuras. El costo incluye, claro está, sobreexplotación de la energía y el agua, deterioro del suelo, empobrecimiento de las poblaciones rurales, disminución de la diversidad biológica y de la riqueza cultural, y una distribución desigual de la riqueza material.

El conflicto actual entre ambos enfoques existe en dos niveles del debate paradigmático (el social y el científico); y constituye hoy el dilema central que debe enfrentar toda localidad, región, municipio o nación.

Estas dos modalidades arriba descritas son, en el fondo, dos visiones radicalmente diferentes y, en fin, dos propuestas civilizatorias antagónicas para un mundo globalizado. Una, intenta profundizar y expander a todos los rincones del globo el modelo de sociedad industrial tal y como se conoce; la segunda, busca con denuedo caminos alternativos en todas las esferas de la vida social humana, basados en una nueva ética global.

En el centro del dilema aparece como un faro incandescente la supervivencia humana y planetaria, que incluye a *todos* los miembros de la especie humana y a todos los seres vivos y elementos inorgánicos que forman el entorno del planeta. El dilema central, la gran bifurcación, aparece, entonces, entre una propuesta cuyas acciones empujan a la humanidad y a su entorno planetario hacia el vacío, y otra que pregona un cambio radical de rumbo y la desactivación de la doble crisis que agobia a la civilización industrial. Conforme pase el tiempo y los límites y umbrales físicos y biológicos se hagan más estrechos, y la miseria material y espiritual se acentúe hasta alcanzar dimensiones intolerables, este asunto de elemental supervivencia, hoy todavía considerado un asunto residual, será cada vez más notable y decisivo.

El dilema de la modernización en la Selva Lacandona

Dentro del territorio de la Selva Lacandona corre el 25 por ciento del agua superficial del país, y con ella se genera el 45 por ciento del suministro hidroeléctrico. En su subsuelo duerme un gigantesco yacimiento de petróleo, y sus selvas y bosques albergan una riquísima biodiversidad (que por ejemplo se estima contienen unas cuatro mil quinientas especies de plantas). Los recursos forestales (maderables y no maderables) y genéticos potencialmente utilizables en esta región probablemente alcancen sus máximos valores dentro del territorio nacional. Con este potencial hidrológico, petrolero, forestal, biológico y genético, resulta incomprensible encontrar el panorama que hoy persiste, en mayor o menor grado, a lo largo de buena parte de el territorio: los habitantes de la Selva Lacandona sufren condiciones de marginación y de pobreza material.

Desde la perspectiva neoliberal, los ricos recursos de la Selva Lacandona no pueden ser aprovechados más que desde una racionalidad basada en la especialización productiva (sistemas de baja o nula diversidad), la gran escala (obras gigantescas y medianas o grandes propiedades privadas) y en la ganancia a corto plazo. Por ello, su propuesta de modernización es intrínsicamente incompatible tanto con los ecosistemas del trópico húmedo (que son sistemas de una alta complejidad) como con los usos y costumbres de los habitantes locales (pertenecientes a culturas con otras racionalidades).

Por ejemplo, la construcción de hidroeléctricas cuyo potencial ya ha sido detectado por inversionistas privados[117], en la lógica neoliberal supondría el desalojo, por la vía legal, de innumerables comunidades y asentamientos, como ya sucedió en otras regiones del país y especialmente en Oaxaca (la presa M. Alemán desplazó a veintidós mil indígenas mazatecos, y la presa Cerro de Oro, a cerca de treinta mil indígenas chinantecos). No hay, que se sepa, una propuesta alternativa basada en la implementación masiva de microhidroeléctricas capaces de generar electricidad tanto a nivel local y microrregional como para el consumo nacional; es decir, que esté basada en el aprovechamiento democrático del potencial hidrológico de la región.

De la misma manera, la apropiación de los recursos forestales, maderables y no maderables, bajo la lógica neoliberal sólo adquiere una modalidad depredadora, pues la gran variedad de especies de las selvas y bosques es intrínsicamente incompatible con una racionalidad económica basada en la explotación masiva de una o unas cuantas especies. No se ha creado aún en ninguna parte del mundo una industria forestal tropical que sepa aprovechar adecuadamente esa versatilidad ecológica; esto es, que sea capaz de hacer

[117] Barreda, 1999.

un uso múltiple de los ecosistemas del trópico húmedo. Una opción adecuada debería contemplar la integración de una industria basada en la participación de las familias y comunidades rurales y en la integración de toda la gama de productos que en teoría pueden obtenerse de las especies de los bosques y selvas.

Queda igualmente en duda, el si será posible, bajo un esquema dominado por los grandes gigantes de la industria farmacéutica y biotecnológica, utilizar adecuadamente la rica biodiversidad que hoy duerme en la flora y fauna de la Selva Lacandona; es decir, si podrá desplegarse todo el potencial medicinal, energético, agrícola, biotecnológico, dentro de una fórmula que beneficie a los habitantes locales, contribuya al desarrollo tecnológico nacional en esas áreas y sea capaz de distribuir esos beneficios de carácter agroindustrial de manera masiva.

Final

En la tierra donde se domesticó el maíz y otras noventa especies más de plantas, y donde la cultura milenaria aún está de alguna forma presente en los tres millones de unidades productivas campesinas (ejidos y comunidades) que usufructúan los recursos del que se considera el quinto país biológicamente más rico del mundo, todas las condiciones están presentes para que las comunidades rurales pongan en marcha una ambiciosa propuesta civilizatoria, pacífica y constructiva, que bien comprendida y multiplicada de lugar a una nueva utopía. Sólo así podrá alcanzarse una paz justa, digna y duradera.

Con el renacimiento simbólico de Zapata el día primero de 1994 y la proliferación de una nueva ondulación dentro del México Profundo de Guillermo Bonfil, la historia del país de alguna forma parecería repetirse. Nada más equivocado. En 1917, Emiliano Zapata y el movimiento que representaba fue incapaz, no obstante haber triunfado militarmente, de ofrecer al país un programa de modernización que lograra combinar las legítimas aspiraciones del campesinado mexicano con los intereses igualmente legítimos del resto de la población. Hoy los tiempos son otros. La crisis ecológica de escala planetaria provocada por la expansión del modelo civilizatorio industrial hacia todos los rincones de la Tierra otorga un valor especial al rol de los habitantes rurales y especialmente al de lo pueblos indígenas, en tanto que éstos poseen atributos culturales y sociales de incalculable valor, así como fórmulas adecuadas de articulación con la naturaleza que pueden, y deben, desencadenar una ondulación alternativa de nuevo cuño.

Por todo lo anterior, hoy existe la grandiosa oportunidad de o-
frecer al mundo una alternativa pacífica en la que el desarrollo de una
región en conflicto se resuelva en la perspectiva, universal y genérica,
de una modernidad diferente. Ésa que garantiza y recupera una vida
digna para las comunidades locales, el abasto sano, directo y justo
que los consumidores urbanos requieren, un respeto garantizado por
las culturas milenarias, el ansiado reencuentro entre la naturaleza y
la historia y, en fin, la disolución de las fuerzas suicidas que hoy
atentan contra la supervivencia de la especie y del planeta.

La casa de las hormigas,
primavera del 2000

Anexos

AÑO	Población humana (millones)		Producto mundial bruto (trillones de dólares)	Emisiones de carbono (mill. ton.)	Concentración de CO_2 en la atmósfera	Autos (millones)	
	Total	Incremento anual				Producción	Flota
1950	2.555	37	3.8	1,620	---	8	53
1955	2.779	53	4.9	2,020	---	11	73
1960	3.038	41	6.1	2,543	316.8	13	98
1965	3.345	70	7.9	3,095	319.9	19	140
1966	3.414	69	8.3	3,251	321.2	19	148
1967	3.484	71	8.6	3,355	322.0	19	158
1968	3.555	74	9.1	3,526	322.8	22	170
1969	3.629	75	9.7	3,735	323.9	23	181
1970	3.704	78	10.1	4,006	325.3	22	194
1971	3.782	77	10.5	4,151	326.2	26	207
1972	3.859	77	11.0	4,314	327.3	28	220
1973	3.936	76	11.7	4,546	329.5	30	236
1974	4.012	74	11.8	4,553	330.1	26	249
1975	4.086	73	11.9	4,527	331.0	25	260
1976	4.159	73	12.5	4,786	332.0	29	269
1977	4.231	73	13.0	4,920	333.7	30	285
1978	4.304	76	13.5	4,960	335.3	31	297
1979	4.380	77	14.0	5,239	336.7	31	308
1980	4.457	77	14.1	5,172	338.5	29	320
1981	4.533	81	14.3	5,000	339.8	28	331
1982	4.614	81	14.4	4,960	341.0	27	340
1983	4.695	80	14.8	4,947	342.6	30	352
1984	4.775	81	15.4	5,109	344.3	30	365
1985	4.856	83	16.0	5,282	345.7	32	374
1986	4.941	87	16.4	5,464	347.0	33	386
1987	5.029	88	17.0	5,584	348.8	33	394
1988	5.117	88	17.8	5,801	351.3	34	413
1989	5.205	90	18.4	5,912	352.7	36	424
1990	5.295	86	18.8	5,943	354.0	36	445
1991	5.381	88	18.7	6,010	355.5	35	456
1992	5.469	88	19.0	5,926	356.2	35	470
1993	5.556	88	19.5	5,940	357.0	34	470
1994	5.644	88	20.1	5,990	358.8	35	480
1995	5.732	87	20.8	6,056	360.7	36	486

Anexo 1. Siete indicadores del metabolismo entre la sociedad y la naturaleza. Fuente Vital Signs, 1996, World Watch Institute.

PAÍSES INDUSTRIALIZADOS

PAIS	Población (000)	%	Población consumidora[1]	%
Estados Unidos	249,224	4.73	22,993,406	22.08
Rusia	288,595	5.48	16,827,974	16.16
Japón	123,460	0.23	4,784,075	4.59
Canadá	26,521	0.50	3,158,916	3.03
Alemania	77,573	1.46	4,176500	4.01
Inglaterra	57,237	1.08	2,596,270	2.49
Francia	56,138	1.06	2,533,508	2.43
Italia	57,061	1.08	2,000,559	1.92
Polonia	38,423	0.72	1,485,049	1.43
Australia	16,873	0.32	1,086,959	1.04
España	39,187	0.74	993,782	0.95
Rumania	23,272	0.44	931,345	0.89
Checoslovaquia	15,667	0.29	850,561	0.82
Holanda	14,951	0.28	848,320	0.81
Arabia Saudita	14,134	0.26	752,777	0.72
Suecia	8,444	0.16	671,720	0.64
Yugoslavia	23,807	0.45	596,603	0.57
Bélgica	9,845	0.18	559,590	0.53
TOTAL		20.38		63.31

PAÍSES DEL TERCER MUNDO

PAIS	Población (millón)	%	Población consumidora	%
China	1,139,060	21.63	9,328,901	8.96
India	853,094	16.20	3,907,171	3.75
Brasil	150,368	2.85	2,255,520	2.17
México	88,598	1.68	1,439,718	1.38
Indonesia	184,283	3.50	998,814	0.96
Rep. Corea	42,793	0.81	937,595	0.90
Irán	54,607	1.03	766,682	0.74
Venezuela	19,735	0.37	554,356	0.53
Argentina	32,322	0.61	619,290	0.59
Nigeria	108,542	2.06	568,760	0.55
Turquía	55,868	1.06	560,915	0.54
Tailandia	55,702	1.05	519,700	0.49
Paquistán	122,626	2.32	507,672	0.48
Corea (DPR)	21,773	0.41	599,193	0.58
TOTAL		55.58		22.62

[1] La categoría de población consumidora se obtiene multiplicando la población del país por un "coeficiente".

Anexo 2. Población y consumo en los países industrializados y del Tercer Mundo (1990). Fuente: Mata et al.
[1] La categoría de población consumidora se obtiene multiplicando la población del país por un "coeficiente".

Organización o programa	Estado	Número de comunidades	Actividades pincipales
Unión de Ejidos P. O. Montaño	Chiapas	22	Agroecología
Programa Agroecológico de las Huastecas	SLP/HGO/VER.	57	Agroecología
Unión Nacional de Forestería Comunitaria (UNOFOC)	Varios	550	Manejo de bosque
Asoc. Rural de Interés Colectivo de Magueyeros y Mezcaleros	Oaxaca	200	Agroecología
Coordinadora Estatal de Productores de Café de Oaxaca (CEPCO)	Oaxaca	380	Café orgánico
Coordinadora Estatal de Productores de Café de Chiapas	Chiapas	150	Café orgánico
Indígenas de la Sierra Madre de Motozintla (ISMAM)	Chiapas	156	Café orgánico
Unión de Comunidades Indígenas de la Región del Istmo (UCIRI)	Oaxaca	49	Café orgánico
Unión de Productores de Café de la Frontera Sur (UNCAFESUR)	Chiapas	30	Café orgánico
Coalición de Ejidos de la Costa Grande	Guerrero	92	
Consejo Regional de Xpujil	Campeche	75	Manejo de bosque; agroecología
Cooperativa Sanzekan Tineme	Guerrero	100	Extracción
Consejo de Pueblos Nahuas del Alto Balsas (CPNAB)	Guerrero	47	Defensa del errirorio; agroecología
Comité de Defensa de los Recursos Naturales del Xinantecatl	Es ado de México	45	Defensa de recursos hidráulicos
Ejidos Productores Forestales de la Zona Maya	Quintana Roo	50	Manejo del bosque
Yum Balam	Yucatán	40	Ecoturismo; agroecología
Organizaciones de la Sierra de Juárez	Oaxaca	18	Manejo del bosque; agroecología; ecoturismo
Alianza de Pueblos Indígenas, Comunidades y Ejidos del Anahuac	D.F.	19	Defensa del bosque y agua; agroecología; ecoturismo
Tosepan Titataniske	Puebla		Café orgánico; agroecología

Anexo 3. Principales experiencias de inspiración ecológica entre comunidades indígenas en México.

Nombre de la categoría del área protegida	Fecha de Establecimiento	Superficie (hectáreas)
Reserva de la Biósfera Montes Azules	12/ene/1978	331,200
Refugio de flora y fauna silvestre Chan-Kin	24/ago/1992	12,184
Monumento natural Bonampak	24/ago/1992	4,357
Reserva de la Biósfera Lacantún	24/ago/1992	61,873
Monumento natural de Yaxchilán	24/ago/1992	2,621
Reserva de la Comunidad Zona Lacandona "Sierra La Cojolita"	1993	42,000
TOTAL		454,235

Anexo 4. Principales áreas de conservación establecidas en la Selva Lacandona, Chiapas.
Fuentes: Diario Oficial de la Federación 1978, 1992b, 1992c; Comunidad Lacandona, 1993.

REGION	Superficie		Población	No. de localidades	Densidad (hab/km2)
	Hectáreas	%			
Norte	383,900	20.9	70,705	192	18.4
Comunidad Lacandona	501,106	27.3	10,573	3	2.1
Marqués de Comillas	197,266	10.7	14,911	37	7.6
Cañadas de Ocosingo-Altamirano	398,225	21.7	64,981	150	16.3
Las Margaritas	356,114	19.4	31,241	324	8.8
Total	1,836,611	100.00	192,411	706	10.5

Anexo 5. La Selva Lacandona y sus regiones.
Fuente: Elaborado por Márquez (1996), con información de INE (1993) y CIEDAC (1992).

Microrregión	Area (ha)	Población (1990/91)	Densidad (hab/km2)	Población Rancho	Población Comunidades	Población tzeltal (%)	% hispano-hablantes
Estrella	43,600	14,913	34.7	7,348	7,565	94.6	55.1
Altamirano	35,100	7,800	22.2	1,114	6,686	44.7	90.4
Patihuitz	52,900	9,779	18.3	1,453	8,326	94.2	60.1
Agua Azul	60,300	17,167	28.4	1,551	15,616	97.7	50
Avellanal	51,900	6,307	11.1	1,159	5,147	95.1	40
Guanal	35,200	4,507	12.4	203	4,304	98.2	60
San Quintín	27,300	4,509	15.9	201	4,308	71.9	60
Total	**306,300**						

Anexo 6. Diagnóstico socioeconómico de la región de Las Cañadas.

	1970«s	1991	Tendencia (%)
SUPERFICIE FORESTAL	459	256.3	-201.7
Bosque tropical	239.8	119.6	-120.2
Primario	89.3	82.0	-7.3
Secundario	86.9	49.4	-37.5
Bosque Templado	42.0	5.3	-36.7
Superficie Forestal Agropecuaria	127.2	136.4	+9.2
Superficie Agropecuaria	32.5	222	+189.5

Anexo 7. Superficie forestal y agropecuaria (en miles de hectáreas), en la región de Las Cañadas en la década de los setentas y en 1991. Véase texto.

Microrregiones	Agropecuario	Agropecuario Forestal	Total	Forestal			
				Bosques Tropicales			Bosque de Pino
				Primario	Secundario	Bosque templado	
Altamirano (¿?) 1970's	2	38	60	9.5	16	25	9.5
1991	33	41	26	3.5	10	9	1.5
Agua Azul (café-ganado) 1970's	2	22	76	42	1	30	3.5
1991	37	14	49	20	2	24	3
Guanal (ganado-café) 1970's	2	11	87	80	5	2	0
1991	22	9	69	67	0.5	1.5	0
Avellanal (ganado-café) 1970's	6	15	78	53	3.7	21	0.8
1991	25	3	72	44	20	8	0
San Quintín (ganado) 1970's	1	25	64	54	17	1.5	0
1991	26	47	26	23	2	1	0
Estrella (ganado-café) 1970's	36	23	42	1	4.5	18	18
1991	78	0	22	1.5	8	8	4.5
Patiwits (ganado-café) 1970's	13	16	71	10.5	14.5	25	21
1991	39	39	21	8	10.5	2	0.5
Las Margaritas (café-ganado) 1970's	3	21	76	40	21	8	7
1991	38	34	28	12	11	5	0

Anexo 8. Porcentaje del territorio dedicado al uso agropecuario y/o con cubierta forestal en las microrregiones de Las Cañadas. Cifras redondeadas.

	Area (Ha)	Población (1990-91)	UPF[a]	Superficie de uso agropecuario[b] (1991)	Superficie Agropecuaria por UPF [c]
Estrella	43,600	14,913	2,130	34,008	16.0
Agua Azul	60,300	17,167	2,453	30,753	12.5
Altamirano	35,100	7,800	1,114	25,974	23.3
Patihuitz	52,900	9,779	1,397	41,262	29.5
Avellanal	51,900	6,307	901	14,532	16.1
Guanal	35,200	4,507	644	10,912	16.9
San Quintín	27,300	4,509	644	19,929	30.9
TOTAL	306,300	64,982	9,283	177,370	19.1

Anexo 9. Superficie agropecuaria utilizada por unidad familiar de producción (UPF) en las siete microrregiones de la región de Las Cañadas (Ocosingo-Altamirano), Chiapas.
[a] Calculado al dividir la población total entre el número de miembros de una familia promedio (7).
[b] Superficie que en 1991 presentó la mitad o más del área deforestada.
[c] Superficie resultante de dividir la superficie de uso agropecuario entre el número de UPF´s.

Algunos campesinos en la Sierra de Santa Marta, Veracruz, en el norte del Istmo Oaxaqueño, en Tabasco y en Chiapas, hemos desubierto una manera de mejorar lo que producimos en la milpa. Hace como 40 años, nuestros padres observaron quu cuando se rozaban acahuales en que había mucho **nescafé o picapica mansa**, el maíz crecía muy bien. Otros observaron que donde el nescafé era abundante, había poco zacate y pensaron que con la picapica mansa enra posible perder zacatales. Así inventaron el uso del nescafé para mejorar la tierra. El nombre picapica mansa proviene de su gran semejanza con la picapica brava (o cimarrón), aunque a diferencia de esta no tiene ajuates. Se le conoce también entre los técnicos como Mucuna y en otras partes como frijol terciopelo y nescafé, porque se puede usar como café o en pinole.

¿Hay otras plantas que sirven de abono para el maíz?

El nescafé no es la única planta que deja mucha hoja y ayuda a ablandar la tierra. Otras plantas como el frijol haba (*Canavalia sp.*), la árnica (*Tithonia sp.*), el frijol chipo o caxquilán, el chícharo gandúl (*Cajanus cajan*) y el chipilín (*Crotalaria sp.*) también sirven de abono y de alimento humano.
La canavalia es un frijol parecido al nescafé pero no desarrolla un bejuco tan grande como el nescafé. Tiene una ventaja importante, que no se seca hasta los dos años. Se siembra 10 días después del maíz de temporal, en cada carrera o en carreras alteradas. Así la canavalia no perjudica a la milpa, sino ayuda a controlar las malezas y deja hoja como abono verde. Cuando ya cumpla sus dos años, se siembra el maíz en el surco donde estaba el frijol o haba y se vuelve a sembrar éste donde había maíz.

¿Para que otra cosa sirven los abonos verdes?

Tanto la hoja como el bejuco de canavalia y de nescafé sirven de alimento para el ganado y los cochinos, tanto la hoja y bejuco como la semilla. Los campesinos dejan que el ganado pastoree la canavalia o la picapica mansa en la milpa una vez cosechado el maíz. También dan la semilla remojada y desquebrajada a sus cochinos, combinándola con el maíz en una proporción de una parte del abono verde y dos partes de maíz.
La picapica mansa y la canavalia se pueden comer pero en pequeñas cantidades y preparando bien para sacar una sustancias tóxicas que contiene. Se hierve la semilla del nescafé o la canavalia durante 40 minutos y se descarta la cáscara de la semilla y el agua de la cocción antes de usar los frijoles en guisos y sopas. Se puede consumir hasta 30 semillas por persona por día en la comida, siempre combinándolos con otros alimentos como el maíz y verduras. La canavalia y la picapica mansa se pueden comer muy bien cuando están en ejote. El uso de la picapuica mansa como nescafé está bien conocido.

Anexo 10. La revolución de los abonos verdes: un testimonio. Fuente: tomado de un texto de D. Buckles elaborado para la Red de Promotores de Sierra de Santa Marta.

	Selvas Primarias	Selvas Secundarias	Selvas Primarias y secundarias	TOTAL
Arboles	10	14	11	35
Arbustos	2	16	4	22
Hierbas	1	22	2	25
Palmas	1	0	0	1
Lianas	0	3	2	5
Epífitas	1	0	1	2
Total	15	55	20	90

Anexo 11. Número de especies de plantas de las selvas primarias y secundarias con uso forrajero reconocidas por el conocimiento indígena.

Grupos indígenas	P	S	P/S	M/H	Total
Huastecos	73	225	72	53	423
Nahuas	42	153	45	74	314
Mayas	108	224	73	51	456
Popolucas	53	138	39	94	324
Totonacos	65	208	81	91	445
Chinantecos	21	31	13	14	79
Zoques	31	3	4	--	38
Lacandones	31	15	28	28	102
Otomíes	5	64	15	36	120

Anexo 12. Número de especies de plantras utilizadas por cada grupo indígena analizado. P: selvas primarias; S: selvas secundarias; P/S: selvas primarias y secundarias; M/H: milpas y huertos familiares.
Fuente: Toledo et al., (1995).

1. CREACIÓN DE UN CORREDOR MONTES-AZULES-CRUZ DE PLATA-LIVINGSTON

Es esta una región montañosa de aproximadamente 20 km de largo por 5 de ancho, La cadena corre de NE a SW, separada de las lagunas del norte de La Lacandona (Ojos Azules, Ocotal, etc.) por la cañada del Río Perlas y por la Sierra del Infiernillo que corre justo al oeste de las lagunas. Se encuentra a una distancia mínima de 5 km al oeste de los límites de la Reserva de la Biósfera de Montes Azules en su región norte. Está cubierta por una selva que aún posee árboles y que a primera vista parece una selva en excelente estado de conservación. Las especies dominantes son: *Terminalia amazonia*, *Ulmus sp.*, *Juglans sp.* y varias lauráceas.

2. CREACIÓN DE UN CORREDOR MONTES AZULES-IXCAN

La segunda porción forestal más importante que todavía se descubre en la región de Las Cañadas, es la masa arbolada que se ubica hacia la porción sur. Esta área contiene selvas altas perennifolias bastante bien conservadas que deberían de ser protegidas, creando un corredor que conectaría a la Reserva de Montes Azules con el área selvática d e Guatemala y principalmente con la Sierra de los Chuchumatanes de gran importancia biológica y biogeográfica.

3. PROTECCIÓN Y RESTAURACIÓN ECOLÓGICA DE LA LAGUNA DE MIRAMAR

La Laguna de Miramar, que es el principal cuerpo de agua lacustre de la zona, cosntituye a demás de su extraordinaria belleza, un reservorio único por la cantidad de especies de peces y otros organismos acuáticos, una joya arqueológica y el último asiento de los pobladores originales de la región: los lacandones. Por todo ello, conforma una porción del territorio de Las Cañadas con un enorme potencia para lo que se ha venido llamando el *ecoturismo*. En la actualidad esun punto seriamente amenazado por el avance de la frontera agro-pecuaria y por los incendios forestales.

4. PROTECCIÓN ECOLÓGICA DEL MOSAICO FORESTAL LAGUNAS DE OCOTAL

Esta porción de la región constituye el último bastión más o menos conservado de los que fue el complejo mosaico de vegetación (incluyendo la presencia contigua de selvas tropicales, bosque mesófilos, bosques de pino-encino), que fue típico de Las Cañadas. Dada esta notable peculiaridad ecológica, casi seguramente conforma la porción del territorio mexicano que concentra el máximo número de especies de plantas y animales por unidad de superfice (sobre una escala microrregional)! También aloja *los bosques más altos de México*, con árboles que alcanzan alturas de 90 m (*Ulmus mexicana*), y el complejo más abundante de caobas, las que extrañamente resistieron e proceso extractivo que por décadas fue la única actividad humana en la región. Lo anterior significa que preservando esta porción que según la imagen de satélite se extiende por aproximadamente 1000 ha, se lograría rescatar buena parte de la flora y la fauna que habitan en la región además de preservar una zona de enorme interés biológico ya que en un solo sitio convergen varios tipos de vegetación y conviven un número muy alto de especies. Por ello, quizás lo más conveniente y factible sea el de crear una estación biológica de investigación.

5. PROTECCIÓN DE LAS "ISLAS FORESTALES" CON BOSQUES MESÓFILOS Y BOSQUES DE PINO-ENCINO

La zona de Las Cañadas resulta de un enorme interés biogeográfico dado que aloja bosques de estirpe templada o boreal en una zona tropocal calidohúmeda, dando lugar a numerosas "rarezas biológicas". Estos bosques que se distribuyen por entre las porciones de mayor altitud han sido fuertemente reducidos por la expansión de la forntera agro-pecuaria. En la actualidad, por todo lo anterior resulta muy recomendable preservar las "islas" o reductos de estas formaciones de vetegetación.

6. PROTECCIÓN DE LA RED HIDROLÓGICA

Finalmente, es recomendable iniciar acciones y programas que mantengan en buen estado el complejo hidrológico de 12 ríos, tributarios todos ellos del Usumacinta. Para ello se debe poner especial atención en la protección forestal de las laderas de pendientes fuertes (para evitar la erosión y sus efectos sobre los ríos), así como las de las porciones altas de las laderas moderadas o débiles. Se trata por supuesto de adoptar una perspectiva de *manejo de cuencas*. A ello debe aunarse el control de los incendios forestales. Finalmente se debe tomar control de la extracción de agua para fines agrícolas, pecuarios, domésticos. De especial importancia es prevenir el uso de los agro-químicos los que en la actualidad son practicamente inexistentes, y las de los desechos agrícolas como los del café o los de origen doméstico. Por ello, se hace urgente el dotar a los asentamientos humanos d ela región de una infraestructura mínima (drenaje, agua potable), así como el de implementar acciones de carácter sanitario.

Anexo 13. Las principales acciones de conservación biológica recomendadas para la región de Las Cañadas. Fuente: Toledo y Carrillo (1992).

Institución	Milpa	Huerto Familiar	Ganadería	Apicultura	Meliponi-Cultura	Cafetales	Manejo de Acahuales	Manejo de Selvas	Conservación
Universidad Autón. de Chapingo	X			X		X			
Universidad Autón. de S·L·P			X						
Inst. de Ecología (Xalapa)		X	X			X	X	X	X
Universidad Autón. de Yucatán	X	X	X		X		X		
Instituto Tecnológico Agropec. de Oaxaca						X	X	X	
Colegio de la Frontera Sur	X		X			X	X	X	X
Inst. Nac. de Invest. For. y Agropec.									
UNAM									
Inst. de Ecología						X	X	X	X
Inst. de Biología							X	X	X
Jardín Botánico	X						X	X	X
Inst. Invest. Soc.							X		X
Inst. Invest. Econ.						X			

Anexo 14. Instituciones mexicanas de investigación científica y tecnológica donde existen

Literatura citada

Adger, N., K.Brown, R. Cervigni & D. Moran, 1995. Total economic value of forests in Mexico. *Ambio* 24: 286-296.

Agarwal, A. & S. Narain, 1989. *Toward Green Villages: a strategy for environmentally-sound and participatory rural development.* Center for Science and Environment, New Delhi. 52 pp.

Aguilar-Robledo, M., 1995. *Autopsia de un Fracaso: el caso del proyecto Pujal-Coy de la Huasteca potosina.* Edit. Ponciano Arriaga. Gob. del Edo. de San Luis Potosí. 125 pp.

Alcorn, J.B., 1989. An economic analysis of Huastec Mayan forest management. En: Browder, J.O. (Ed). *Fragile Lands of Latin America.* Westview Press: 182-195

—————— & V.M. Toledo. 1998. Resilient resource management in Mexico's Forest ecosystems: the contribution of property rights. En: F. Berkes & C. Folke (Eds.). *Linking Social and Ecological Systems.* Cambridge Univ. Press: 216-249.

Altieri, M., 1987. *Agroecology: the Scientific Basis of Alternative Agriculture.* Westview Press.

Alvarez-Buylla, E., E. Lazos & R. García-Barrios, 1989. Homegardens of a humid tropical region in southeast Mexico. *Agroforestry Systems* 8: 133-156.

Barreda, A., 1999. El agua de Chiapas también se privatiza. *Masiosare* (La Jornada). 3 de octubre.

Barrera, A., A. Barrera-Vázquez & R. M. López-Franco, 1976. *Nomenclatura Etnobotánica Maya.* Instituto Nacional de Antropología e Historia. Colección Científica No. 36.

Barrera-Bassols, A., 1995. *Historia de la Ganadería en Veracruz 1520-1990.* Tesis de Maestría en Anrtropología Social, CIESAS del Golfo, Xalapa, Veracruz.

Bartra, A., 1997. Los ríos profundos de la historia. *Hojarasca* (La Jornada), Diciembre: 9-11.

Batis, A., 1995. *Etnobotánica Cuantitativa: un análisis de los productos vegetales de cinco hectáreas del trópico húmedo mexicano.* Tesis de Biólogo, Fac. de Ciencias, UNAm, México. 100 pp.

Beck, U., 1998. *La Sociedad del Riesgo: hacia una nueva modernidad.* Paidos.

Bocco, G. & V. M. Toledo, 1997. Integrating peasant knowledge and GIS: a spatial approach to sustainable agriculture. *Indigenous Knowledge and Development Monitor* 5: 9-11.

Bonfil, G., 1987. *México Profundo: una civilización negada.* CIESAS. Secretaría de Educación Pública. México.

Bray, D., 1995. Peasant organization and the permanent reconstruction of nature. *Journal of Environment and Development* 4: 185-204.

Braudel, F., 1991. *Las Civilizaciones Actuales: estudio de historia económica y social.* Red Editorial Iberoamericana.

Brown, L., 1995. Nature's limits. En: L. Brown et al. (Ed.) *State of the World 1995.* World Watch Institute. Washington D.C.: 3-20.

──────────, C. Flavin & H. Kane (eds.), *Vital Signs 1996, the trends that are shaping our future.* World Watch Institute. Washington D. C. 169 pp.

Buckles, D. (Ed) 1993. *Gorras y Sombreros: caminos hacia la colaboración entre técnicos y campesinos.* CIMMYT, México, 123 pp.

────── & H. Perales. 1994. *Experimentos con el frijol terciopelo basados en los agricultores: La innovación dentro de la tradición.* CIMMYT, Documento Interno. 25 pp.

Caamal, A. & S. del Amo, 1986. Comparación de la dinámica de las especies arvenses en sistemas de policultivo y monocultivo. *Biótica* 11: 127-136.

Canudas, E. G., 1995. El pastoreo rotacional intensivo en el trópico mexicano: producción de carne y leche. En: Anónimo, *Las Bases Biológicas del Pastoreo de Alta Densidad.* Fac. de Medicina Veterinaria y Zootecnia, UNAM y CEIEGT, Tlapacoyan, Veracruz: 78-89.

Carruthers, D.V., 1997. Agroecology in Mexico: linking environmental and indigenous struggles, *Society and Natural Resources* 10, 259 pp.

Castillo, A. & V. M. Toledo, 2000. Appying ecology in the third world: the case of Mexico. *Bioscience* 50: 66-76.

CIEDAC (Centro de Investigación en Energía y Desarrollo, A. C.) 1992. Programa de Desarrollo Regional de la Subregión "Las Cañadas", Selva Lacandona, Chiapas. Mecanoescrito. 145 pp.

De Vos, J., 1988a. *La Paz de Dios y del Rey: la Conquista de la Selva Lacandona (1525-1821).* Secretaría de Educación y Cultura de Chiapas/ Fondo de Cultura Económica. 504 pp.

────── 1988b. *Oro Verde: la Conquista de la Selva Lacandona por los Madereros Tabasqueños 1822-1949.* Instituto de Cultura de Tabasco/ Fondo de Cultura Económica, 330 pp.

──────1988c. *Viajes al Desierto de la Soledad: Cuando la Selva Lacandona aun era Selva.* Secretaría de Educación Pública. 323 pp. 252.

Díaz-Couder, E., 1987. Map of languague of Mexico. Departament of Anthropology, University of California, Berkeley.

Durning, A. T., 1993. Supporting Indigenous People. En: L. Brown (Ed.). *State of the World 1993*. World Watch Institute: 80-100.

Echeverría, B., 1996. Por una modernidad alternativa. *La Jornada Semanal* 65 (2 de Junio): 7-9.

Engel, J.R. & J.G. Engel (Eds), 1993. *Ethics of Environment and Development*. The University of Arizona Press. 264 pp.

FAO (Food and Agricultural Organization of the United Nations), 1991. *Statistical Yearbook 1991*. Rome.

Fernandez-Ortiz, L.M. & M. Tarrio-García, 1983. *Ganadería y Estructura Agraria en Chiapas* Univ. Autónoma Metropolitana, Unidad Xochimilco. 165 pp.

Fischer-Kowalsky, M., 1998. Society's metabolism: on the childhood and adolescence of a new concept. En: M. Redclift & G. Woodgate (Eds.). *The International Handbook of Environmental Society*. Edward Elgar: 119-137.

Flavin, C., 1996. Insurance industry reels. En: Brown, L., C. Flavin & H. Kane (Eds). *Vital Signs 1996, the trends that are shaping our future*. Worldwatch Institute, Washington, DC.: 118-119

Flores, J. S., & E. Ucan Ek., 1983. *Nombres usados para designar a la vegetación entre los Mayas*. INIREB, Cuadernos de Divulgación 10. Xalapa, Veracruz, México.

——————————, 1998. Plantas forrajeras de la Península de Yucatán. *Rev. Univ. Auton. de Yucatán* 12:20-48.

García-Canclini, N., 1989. *Culturas híbridas: estrategias para entrar y salir de la modernidad*, Grijalbo, México, 363 pp.

García de León, A., 1996. Chiapas y los órdenes invertidos. *El Cotidiano* 76: 29-32.

García, R., 1981. *Nature Pleads not Guilty*. Pergamon Press.

Gardner, G., 1995. Water tables falling. En: L. Starke (Ed.). *Vital Signs 1995*. World Watch Institute: 122-123.

Garrido-Peña, F., 1996. *La Ecología Política como Política del Tiempo*. Edit. Comares, Granada, España.

Goodland, R., 1996. Growth has reached its limit. En: Mander, J. & E. Goldsmith (Eds). *The Case Against the Global Economy*. Sierra Club Books, San Francisco: 207-217.

Grimes, B. (Ed.), 1996. *Ethnologue: Languages of the World*. 13 th Edition. Summer Intitute of Linguistics.

Guzmán, G. & D. Martínez-Carrera, 1985. Planta productora de hongos comestibles sobre pulpa de café. *Ciencia y Desarrollo* 65: 41-48.

Harvey, N., 1995. Modernización rural y rebelión zapatista: Chiapas 1988-1994. En: H. Cartón de Grammont (Ed.). *Globalización, Deterioro Ambiental y Reorganización Social*. UNAM, Juan Pablos Editor: 215-235.

Herrera, N.D., 1992. *Los Huertos Familiares Mayas en el Oriente de Yucatán*. Tesis M. en C. Facultad de Ciencias, UNAM. México.

Infante, F., J. Valdez, D. I. Penagos & J. F. Barrera, 1994. Description of the life stages of *Cephalonomia stephanoderis*, a parasitoid of *Hypothenemus hampei*. *Vedalia* 1:13-18.

Jimenez-Osornio, J.J. 1996. Comentarios sobre la mesa redonda de abonos verdes y cultivos de cobertera. *Red Gestión de Recursos Naturales*. 3: 54-60

Kosik, K., 1967. *Dialéctica de lo Concreto*. Editorial Grijalbo.

Kras, E. S., 1994. *El Desarrollo Sustentable y las Empresas*. Grupo Editorial Iberoamérica.

Lazcano-Barrero, M.A. & R.C. Vogt, 1992. Peces de la Selva Lacandona, un recurso potencial. En: Vásquez-Sánchez, M: A. & M.A.Ramos. (Eds). *Reserva de la Biosfera Montes Azules, Selva Lacandona: Investigación para su Conservación*. Publ. Especiales Ecosfera No. 1. Centro de Est. para la Conservación de los Recursos Naturales, A.C.: 135-144.

Levi-Strauss, C., 1962. *El Pensamiento Salvaje*. Fondo de Cultura Económica.

Leyva, X. & G. Ascencio-Franco. 1996. *Lacandonia al Filo del Agua*. Fondo de Cultura Económica. 210 pp.

Linden, E., 1998. Smokes signals. *Time*, june 22: 28-29.

Manes, C. 1995. Nature and silence. En: M. Oelschlaeger (ed). 1995. *Postmodern Environmental Ethics*. State University of New York Press: 43-56.

Mander, J. & E. Goldsmith (eds.), 1996. *The Case Against the Global Economy*. Sierra Books, San Francisco. 551 pp.

March, I. 1995. Ordenamiento ecológico para el manejo y conservación de las áreas protegidas en la Selva Lacandona, Chiapas. Anteproyecto de investigación. Mecanoescrito, 16 pp.

————— & M.A. Vázquez-Sanchez. 1992. Análisis y lista temática de referencias bibliográficas y cartográficas de la Selva Lacandona y la reserva de la biósfera Montes Azules.En: Vásquez-Sánchez, M: A. & M.A.Ramos. (Eds). *Reserva de la Biosfera Montes Azules, Selva Lacandona: Investigación para su Conservación*. Publ. Especiales Ecosfera No. 1. Centro de Estudios para la Conservación de los Recursos Naturales, A.C. : 343-392.

Márquez, C. 1996. *Agricultura Campesina y Cambio Tecnológico: la producción de maíz en la subregión Cañadas de la Selva Lacandona, Chiapas.* Tesis de Maestría en Ciencias en Desarrollo Rural Regional. Universidad Autónoma de Chapingo. 278 pp.

Martínez-Alier, J., 1993 .*De la Economía Ecológica al Ecologismo Popular.* Icaria, Barcelona, 219 pp.

Martínez, E. & C.H. Ramos, 1989. Lacandoniaceae (Triuridales): una nueva familia de México. *Annals of Missouri Bot. Garden* 76: 128-135.

——————, V. M. Toledo & C. H. Ramos, 1999. La vegetación de la región de Las Cañadas (Selva Lacandona), Chiapas.

——————, —————— & F. Chiang. 1994. Lista florística de la Lacandona, Chiapas. *Bol. Soc. Bot. México* 54: 99-177.

Martínez-Luna, J., 1992. Es la comunidad nuestra identidad. *Opciones de El Nacional* 1: 2-4.

Martínez,E., V.M. Toledo y C.H. Ramos-Alvarez; 1999. La vegetación de Las Cañadas, Chiapas. *Revista Chapingo* 5(1): 15-26

Mata, F. J., l. H. Onisto & J. R. Vallentyne, 1995. Consumption: the other side of population for development. Manuscrito inédito.

Meave del Castillo, J. 1990. *Estructura y Composición de la Selva Alta Perennifolia de los Alrededores de Bonampak.* Instituto Nacional de Antropología e Historia, SErie de Arqueología. 147 pp.

Medellín, S., 1988. *Arboricultura y Silvicultura Tradicional en una Comunidad Totonaca de la Costa.* Tesis de maestría. Ecología y Recursos Bióticos. ex-INIREB, Xalapa, Veracruz.

Mittermeier, T. A., P. Robles-Gil & G.C. Mittermeier, 1997. *Megadiversidad: Los Países Biológicamente Más Ricos del Mundo.* Cementos Mexicanos (CEMEX) y Conservation International.

Moguel, J. 1996. Triunfo indígena en Sacamch'en: la mesa de derechos y cultura indígena. *El Cotidiano* 76: 42-47.

Moguel, P. & V.M. Toledo. 1996. El café en México: ecología, sustentabilidad y cultura indígena. *Ciencias* 43: 40-51.

Moguel, P. & V.M. Toledo, 1999. Biodiversity conservation in traditional coffee systems of Mexico. *Conservation Biology* 13 (1): 11-21.

Netting, R. McC., 1993. *Smallholders, Householders: Farm Families and the Ecology of Intensive Suatainable Agriculture.* Stanford Univ. Press.

Nigh, R. 1992. La agricultura orgánica y el nuevo movimiento campesino en México. *Antropológicas* 3: 39-45.

Oelschlaeger, M. (Ed). 1995. *Postmodern Environmental Ethics.* State University of New York Press. 341 pp.

Olmedo, R., 1985. La política ecológica. *Estudios Municipales* 6: 103-108.

Ortiz, B. 1995. *La Cultura Asediada: Espacio e Historia en el Trópico Veracruzano (el caso del Totonacapan)*. CIESAS/ Instituto de Ecología.

——— & V.M. Toledo. 1997. La deforestación en la Selva Lacandona (Chiapas, México): el caso de Las Cañadas. *Interciencia* 23: 318-327.

Pietila, H., 1998. El triángulo de la economía humana: la casa, la agricultura y la producción industrial. *Ecología Política* 16: 79-94.

Pardo-Tejeda, E. & C. Sánchez-Muñoz. 1980. *Brosimum alicastrum: recurso silvestre tropical desaprovechado* INIREB, Xalapa, Veracruz. 31 pp.

Paz, O., 1983. *Tiempo Nublado*. Seix Barral.

Poole, P., 1995. Land-based communities, geomatics and biodiversity. *Cultural Survival Quarterly* 18: 74-76.

Postel, S.L., G.C. Daily & P. R. Ehrlich, 1996. Human appropiation of renewable fresh-water. *Science* 271: 785-788.

Powelson, J.P. 1988. *The Story of Land: a world history of land tenure and agrarian reform*. The Lincoln Institute of Land Policy. 347 pp.

——————— & R. Stock. 1987. *The Peasant Betrayed: Agriculture and Land Reform in the Third World*. Lincoln Institute of Land Policy. 302 pp.

Preston, T.H. & E. Murgueitio. 1992. *Strategy for Sustainable Livestock Production in the Tropics*. CIPAV/SAREC, Cali, Colombia. 89 pp.

Quintana-Ascencio, P.F., M. Gonzalez-Espinosa, N. Ramirez-Marcial, G. Dominguez-Vázquez & M. Martinez-Icó. 1996. Soil seed banks and regeneration of tropical rain forest from milpa fields in the Selva Lacandona, Chiapas, Mexico. *Biotropica* 28: 192-209

Quiroga-Brahms, G. 1993. Aprovechamiento de *Brosimum alicastrum* (ash) como una alternativa al desarrollo y conservación de la sub-región de Las Cañadas, Selva Lacandona. Mecanoescrito, 63 pp.

Rousset, C., 1974. *La Anti-Naturaleza: elementos para una filosofía trágica*. Taurus, 344 pp.

Rosset, P., 1996. Input sustitution: a dangerous trend in sustainable agriculture. *Working Paper* 4. Interamericana Council for Sustainable Agriculture.

Rosset, P., 1999. Small is bountifol. *The Ecologist* 29: 452-456.

Schmidt, A. 1976. *El Concepto de Naturaleza en Marx*. Siglo XXI Eds.

SEMARNAP (Secretaría del Medio Ambiente, Recursos Naturales y Pesca), 1999. *Los Incendios Forestales en México*. 35 pp.

Toledo, V.M. 1982. Pleistocene changes of vegetation in tropical Mexico. En: G. T. Prance (Editor) *Biological Diversification in the Tropics*. Columbia University Press: 93-111.

—————————, 1989. Intercambio ecológico e intercambio económico en el proceso productivo primario. En: E. Leff (ed.). *Biosociología y Articulación de las Ciencias*. UNAM, México.

—————————, 1990. The ecological rationality of peasant production. In: M. Altieri & S. Hecht (Eds). *Agroecology and Small-Farm Development*. CRC Press: 53-60.

—————————, 1992a. Modernidad y ecología. Nexos 169: 55-60 (reproducido en *Ecología Política* 3.9-22).

—————————, 1992b. Toda la utopía: el nuevo movimiento ecológico de los indígenas y campesinos de México. In: J. Moguel *et al* (Eds). *Autonomía y Nuevos Sujetos Sociales en el Desarrollo Rural* Siglo XXI Editores, México: 33-54.

—————————, 1992c. What is ethnoecology?: origins, scope and implications of a rising discipline. *Etnoecológica* 1: 5-22.

—————————, 1994. *La Apropiación Campesina de la naturaleza: una aproximación etnoecológica*. Tesis de Doctor en Ciencias (Biología). Facultad de Ciencias, UNAM.

—————————, 1995. Campesinidad, agroindustrialidad, sustentabilidad: los fundamentos históricos y ecológicos del desarrollo rural. Cuadernos 3: 1-27. Interamerican Council on Sustainable Agriculture.

—————————, 1996. Saberes indígenas y modernización en América Latina: historia de una ignominia tropical. Etnoecológica 4/5: 133-147.

—————————, 1997. Sustainable development at the village community level: a third world perspective. En: F. Smith (Ed.). *Environmental Sustainabilit: Practical Global Applications*. St. Lucie Press: 233-250.

—————————, 2000. Biodiversity and Indigenous Peoples. En: S. Levin *et al*. (Ed.). *Enciclopedia of Biodiversity*. Academic Press: 1181-1197.

—————————, & C. Carrillo (eds). 1992. *Conservación y Desarrollo Sostenido en la Selva Lacandona: el caso de Las Cañadas* Centro de Investigación en Energía y Desarrollo (CIEDAC). México, DF. 148 pp.

————————— y M. J. Ordóñez, 1993. The scenarios of Mexico's Biodiversity. En: T.P. Ramammorthy *et al*. (Eds.). Biological Diversity of Mexico: origins and distributions. Oxford Univ. Press: 757-777.

—————————, B. Ortiz & S. Medellín. 1994. Biodiversity islands in a sea of pastureland: indigenous resource management in the humid tropics of Mexico. *Etnoecológica* 3: 37-49.

—————————, A. Batis, R. Becerra, E. Martinez & C. H. Ramos. 1995. La selva útil: etnobotánica cuantitativa de los grupos indígenas del trópico húmedo de México. *Interciencia* 20(2): 9-18.

Vásquez-Sánchez, M. A. & M. A. Ramos (eds.), 1992. *Reserva de la Biósfera Montes Azules, Selva Lacandona: Investigación para su Conservación.* Publ. Especiales Ecósfera No. 1, Centro de Estudios para la Conservación de los Recursos Naturales, A. C.

Velázquez, E. & F. Ramirez. 1995. Usos económicos de la selva de montaña en una reserva de la biósfera. En: Boege, E. *et al*, (Eds) *Alternativas al Manejo de Laderas en Veracruz.* SEMARNAP/ Fundación Ebert: 203-222.

Villoro, L., 1997. *El Poder y el Valor: Fundamentos de una Etica Política.* Fondo de Cultura Económica y El Colegio Nacional.

Vitousek, P.M. *et al.* 1986. Human apropriation of the products of photosynthesis. *Bioscience* 37: 345-354

Wackernagel, M. *et al.* 1997. Ecological footprints of nations: How much nature do they use?-How much nature do they have?. Trabajo presentado en la reunión Río 5 Forum. Mecanoescrito.

Weber, P., 1995. Protecting oceanic fisheries and jobs. En: L. Brown *et al.* (Eds.). *State of the World 1995.* World Watch Institute. Washington D.C.: 21-37

Wolf, E., 1982. *Europe and the People without History.* University of California Press.